LA FIN DU CAPITAL

Questions contemporaines

Collection dirigée par B. Péquignot, D. Rolland et Jean-Paul Chagnollaud

Chômage, exclusion, globalisation… Jamais les « questions contemporaines » n'ont été aussi nombreuses et aussi complexes à appréhender. Le pari de la collection « Questions contemporaines » est d'offrir un espace de réflexion et de débat à tous ceux, chercheurs, militants ou praticiens, qui osent penser autrement, exprimer des idées neuves et ouvrir de nouvelles pistes à la réflexion collective.

Dernières parutions

Gaby NAVENNEC, *Les souffrances sociales. De l'acceptation aux alternatives*, 2014.
Julien PINOL, *Essais nucléaires : 1961, une apothéose ?*, 2014.
François COUDERC, *Chronique d'une aventure politique ordinaire*, 2014.
Gérard DAHAN, *La manipulation par les sondages. Techniques, impacts et instrumentalisations*, 2014.
Nadine JASMIN, *Les mairies au défi des politiques d'égalité*, 2014.
Georges Claude GUILBERT, *Le genre des objets*, 2014.
Guillaume FONGANG, *Les Politiques agro-environnementales en France. Dispositifs de concertation et enjeux de gouvernance*, 2014.
Françoise FRISCH, *La boulotdiversité, Ensemble vers l'extermination du chômage*, 2014.
Frédéric JONNET, *Défense, 2007-2012 : un plan pour l'égalité des chances*, 2014.
Lise GREMONT, *Mutation dans les collectivités territoriales*, 2014.
Hervé PIERRE, *Tous prisonniers ? La postmodernité sécuritaire : pourquoi et comment nos libertés se perdent au nom de la sécurité*, 2014.
Jean-Pierre BOISARD, *Travail, on t'aime trop !*, 2014.

André PRONE

LA FIN DU CAPITAL

Pour une société d'émancipation humaine

Préface de Samir Amin

L'Harmattan

5-7, rue de l'École-Polytechnique ; 75005 Paris

http://www.harmattan.fr
diffusion.harmattan@wanadoo.fr
harmattan1@wanadoo.fr

ISBN : 978-2-343-03950-3
EAN : 9782343039503

Préface

André Prone nous offre un plaidoyer poétique en faveur du communisme conçu comme étape supérieure de la civilisation universelle.

La Révolution française occupe, dans ma lecture de la construction moderne, une position centrale. Car elle définit un système de valeurs (liberté, égalité, fraternité – on dirait aujourd'hui solidarité) qui fonde la modernité dans sa contradiction fondamentale ; car ces valeurs sont en définitive bien plus celles de la civilisation socialiste supérieure à inventer que celles dont le capitalisme pourrait honorer une pleine et authentique mise en œuvre. Dans ce sens la Révolution française est plus qu'une « révolution bourgeoise » (comme le fut par exemple celle de 1688 en Angleterre) ; elle annonce – avec la Convention montagnarde – la nécessité d'aller au-delà.

Les valeurs du capitalisme – celles qui sont utiles pour son déploiement – sont celles qui ont inspiré la non-révolution américaine : liberté et propriété. Ensemble elles définissent la liberté d'entreprise, qu'il s'agisse de la petite entreprise agricole familiale comme c'était le cas dans les colonies de la Nouvelle Angleterre ou de la ferme esclavagiste dans celles du Sud, ou qu'il s'agisse plus tard de la grande entreprise industrielle puis des monopoles financiarisés. Ensemble ces deux valeurs associées excluent toute aspiration à l'égalité allant au-delà celle que confère le droit égal pour tous : « l'égalité des chances » dira-t-on dans le discours idéologique qui fait l'impasse sur les inégalités de départ qui séparent les classes de propriétaires du prolétariat vendeur de sa force de travail. Liberté et propriété donnent ensemble à l'inégalité une légitimité apparente : l'inégalité serait le produit du talent et du travail de l'individu. Elles ignorent les vertus de la solidarité pour ne reconnaître que celles de son antipode : la compétition entre les individus et les entreprises.

Liberté et égalité sont des valeurs conflictuelles par nature, et ne pourraient devenir complémentaires que si l'on supprime la propriété bourgeoise, entendue comme celle d'une minorité. La Révolution française, même dans son moment de radicalisation montagnarde, ne va pas jusque-là: elle demeure protectrice de la propriété sacralisée, qu'elle conçoit comme généralisable dans sa forme de petite propriété agricole et artisanale familiale. Elle ne dispose pas des moyens qui lui permettraient de saisir le mouvement du capitalisme qui accusera la concentration progressive et inévitable de la propriété moderne – celle du capital. Florence Gauthier, (*Triomphe et mort de la révolution des droits de l'homme et du citoyen* ; éditions Syllepse, 2014) nous rappelle que la formule « liberté, égalité, fraternité » a été prononcée pour la première fois par Robespierre, qui entendait fonder sur cette base une « économie politique populaire », en contrepoint de « l'économie politique tyrannique » des libéraux. Ces termes puissants, qui sont ceux de Robespierre lui-même, témoignent de la conscience lucide du leader de la Convention montagnarde : démocratie et libéralisme au service de la propriété capitaliste sont antinomiques. Bien entendu l'idéologie française « républicaine » s'est employé à faire oublier toute cette histoire, à gommer la pensée révolutionnaire montagnarde, à réduire la révolution populaire de la France de l'époque, annonçant les révolutions socialistes à venir, au statut d'une simple « révolution bourgeoise ».

L'idée du socialisme/communisme, entendue comme étape de la civilisation supérieure à celle du capitalisme se constitue précisément dans la prise de conscience graduelle de ce qu'implique la mise en œuvre sincère de la devise « liberté, égalité, solidarité » : la substitution de la propriété collective des travailleurs à celle de la minorité des bourgeois, la gestion socialisée de cette propriété collective par l'approfondissement sans fin de l'invention démocratique.

Samir Amin

« La production du capitalisme engendre, avec l'inexorabilité d'une loi de la nature, sa propre négation. »

Karl Marx

« À la permissivité de l'abondance, de la croissance, des nouveaux modèles de consommation, succède l'interdit de la crise, de la pénurie, de la paupérisation absolue. Ces deux composantes historiques fusionnent dans les têtes, dans les esprits, créant ainsi les conditions subjectives du néo-fascisme. »

Michel Clouscard

*

Nous avons cherché, en écrivant ce livre, à le rendre accessible au plus grand nombre, mais chacun doit comprendre que le savoir s'acquiert aussi par l'effort.

DU MÊME AUTEUR

Poésies

LE SILENCE ET LA VIE, 1986 – Saint-Germain-des-Prés
CENT POÈMES POUR LA PAIX, 1987 – Le Cherche Midi :
- ouvrage collectif, préface de Bernard Clavel
L'HEURE PAÏENNE, 1989 – Le Temps Parallèle Éditions
CLAIR DE FEMMES, 1992 – Poésie Amitié Provence Éditeurs
ÉMOTION CONTINUELLE, 1994 – André Louis Éditions
SECRÈTE CHAIR, 1995 – Éditions Florilège
INSOLENTE suivi de *Ainsi soit dit*, 1997 – L'Harmattan
CLAMEUR D'EXIL suivi de *Madrigal*, 1999 – L'Harmattan
L'ÉTERNELLE ABSENCE, 2001 –Éditions du Gril, Belgique
CET UNIVERS-LÀ, 2010 – Éditions Aléas
COLLECTION ÉcoLivres, 2011 –Le Luy de France :
- BONHEUR FERTILE - BEL AMOUR
- L'OCÉAN DE TOI - TURBULENT SILENCE
- FULGURANCES - VOICI L'HOMME
- IL NE TIENT QU'À NOUS - MUR
COULEURS LIBERTÉ, 2013 – Alter Éditions
ANTHOLOGIE des chants terrestres, 2014 – Le Luy de France

Récits

LE SOLEIL LEVANT, 1987 – Le Méridien, préface de R. Jean
L'HOMME DE PLUME, 2013 – Alter Éditions

Fiction romanesque

AMANDA, 1992 – Alter-ego Éditions

Essais

L'ESPACE CLOS, 1998 – Éditions Florilège
L'HUMANITÉ RETROUVÉE, 2007 – Le Luy de France
LA RECONQUÊTE DU PARTAGE, 2009 – Éditions Aléas
POUR SORTIR DU CAPITALISME, 2012 – L'Harmattan

Ouvrages scientifiques

LES QUARTZ DE LA PROVENCE OCCIDENTALE, 1980 – S.l.n.d. Éditeur
L'ANALYSE DES SOLS (Exemple pédologique du Nord-Est de la Thaïlande), 2003 – PUP Éditeur

Avant-propos

Le capitalisme historique, ne parvenant pas à maintenir constant son taux de profit par le seul biais du marché, a toujours tenté de surmonter par la ruse ses inéluctables crises de suraccumulation. Ces opérations, de caractère économique, social, idéologique, politique et militaire, que nous pourrions aussi qualifier de *main-forte*, se retrouvent dans la barbarie, le racisme, le nationalisme, le colonialisme, le taylorisme, le fordisme, le keynésianisme, le crédit, l'endettement, la financiarisation, l'ethnicisation, l'idéologie du désir, l'enjeu parabole, l'accaparement des terres, la nouvelle gouvernance mondiale, etc., et ont toutes comme point commun la reproduction et le maintien d'une oligarchie au pouvoir.

Leur mise en œuvre, qui a réussi jusqu'ici à relancer pour un temps l'activité économique, nous fait comprendre pourquoi l'Empire états-unien et ses alliés, se rendant compte que la crise qui nous occupe aujourd'hui est sans précédent, se voient contraints, pensant en limiter les dégâts, de pérenniser en priorité leur approvisionnement énergétique et minier.

Pour ce faire, ils élargissent leurs interventions militaires dans les pays tiers en possession des principales réserves stratégiques et instrumentalisent des radicalités en mouvement se réclamant d'une filiation religieuse, qualifiées de terroristes, tout en cherchant à asseoir une nouvelle gouvernance mondiale, quitte à œuvrer concomitamment – en priorité dans l'espace occidental – à l'émergence des néofascismes. Voilà pourquoi il m'a semblé utile de rechercher dans cette accélération des contradictions du capital les bases factuelles de sa possible fin.

Dans un précédent essai publié en 2007, *L'Humanité retrouvée*, la prospective chronologique de l'histoire des civilisations m'avait conduit à avancer l'idée qu'à chaque mutation religio-philosophique majeure correspondait un temps historique : les exaltations divinatoires marquaient *le temps des créations*, le bouddhisme et le monothéisme *le temps des annonciations et des objections*, les Lumières préparaient le *temps des révolutions* (libérales et marxistes), alors qu'à partir d'une nouvelle temporalité productive et technologique, le capitalisme d'État, l'impérialisme et le national-socialisme accouchaient du *temps de la barbarie*. Était aussi avancée l'idée qu'après *le temps de l'expansion* et le douloureux échec des pseudo-socialismes viendrait celui *du déclin*. Mais pour utiles qu'elles soient, même si elles s'essayaient à en définir les contours, ces recherches sur la compréhension de l'évolution des conditions humaines ne permettaient pas de découvrir, dans cet entre-deux mondes, toute l'ampleur du nouveau *temps des crises*.

Avec *La Reconquête du partage*, publié en 2009, je m'attachais à mettre à nu les paradigmes à la source des tares indélébiles du capitalisme et à proposer une réponse par-delà le communisme. Mais ce n'est qu'en 2012, avec la publication de *Pour sortir du capitalisme*, que prenait corps une nouvelle matrice théorique dans le prolongement de la pensée marxienne : *l'écomunisme*.

Ce faisant, l'aggravation de la crise et l'amplification de la dégradation des conditions de vie déjà insupportables pour la grande majorité des peuples rendaient d'autant plus nécessaire une nouvelle analyse approfondie de l'état du monde. Le capitalisme, face à ses crises congénitales, nous a déjà montré (comme nous venons de le souligner) quelles pouvaient être ses réponses. Souvenons-nous de la *tentative d'imposition au reste du monde d'un empire allemand et ottoman* qui s'est soldée par la Première Guerre mondiale et de la *tentative d'injonction idéologique du fascisme et du national-socialisme* qui a généré une seconde confrontation mondiale plus meurtrière encore que la précédente. On ne peut donc totalement exclure un troisième affrontement global comme réponse à la crise actuelle, même si la triade États-Unis-Europe-Japon s'en tient présentement à la seule « gestion » géostratégique des conflits régionaux.

Voilà pourquoi, dans ce contexte particulièrement dégradé de crise paroxysmique où les pulsions les plus basses (la cupidité, la rivalité, la veulerie des dirigeants, la corruption étatique et capitalistique, les dérives mafieuses...) sont devenues la base de l'appropriation financière et foncière, l'hypothèse de *la fin du capital* et de l'imminence d'une nouvelle phase historique tend à devenir une probabilité signifiante. À partir de ce possible, il convient de contrecarrer le vieux verdict selon lequel nous serions à la fin des idéologies, en proposant un nouveau fondement politique capable de nous faire avancer dans la voie de *l'émancipation humaine.*

Sans entrer ici dans le détail, disons qu'avoir dans ces conditions cet objectif signifie qu'une situation pré-révolutionnaire, même si elle ne naît pas spontanément de la crise du système capitaliste, doit se nourrir de ses errements pour construire un nouveau contre-modèle. Cependant, la thèse que je défends ici va à l'encontre des théories habituelles qui se déploient en une sorte de large consensus selon lequel l'effondrement des premières expériences de construction d'une voie socialiste conforte l'idée d'un capitalisme indépassable parce qu'il bénéficie d'une flexibilité telle qu'il est à même de s'adapter, voire d'absorber toutes les contradictions internes et externes inhérentes à ses propres crises. L'analyse objective sur laquelle je m'appuie implique donc que les rapports économiques et sociaux, qui assurent encore la domination du capital, puissent être inversés de telle sorte que sa recomposition soit bloquée, tant au niveau national que supranational.

Certes, les révolutionnaires ont toujours fait la critique du capitalisme pour les inégalités et les catastrophes humaines qu'il engendre sans pour autant être systématiquement suivis par les peuples sur la voie des objectifs qu'ils proposaient pour en sortir. Alors pourquoi en serait-il autrement aujourd'hui ? Pour la simple et bonne raison que l'iniquité de la crise généralisée en cours et le très haut niveau de développement productif permettent enfin à l'idéal du partage d'apparaître comme la seule concrétude de la réelle émancipation de l'homme, au moment où le capital arrive au bout de sa contradiction historique.

Introduction

L'émancipation humaine au regard de la fin probable du capitalisme historique

Il peut paraître curieux d'écrire un livre qui avance l'hypothèse de *la fin du capital* au moment où, malgré la crise généralisée, les peuples en révolte (parfois même en révolution) se heurtent au mur détestable, et apparemment immuable, du profit. Même à considérer la démesure du processus d'accumulation et de surproduction qui se poursuit, tout porte à croire que le capitalisme a toujours su inventer des ruses pour rebondir et se sortir de l'impasse. Mais est-ce encore possible aujourd'hui ? Tous ceux qui ne jurent que par le libéralisme économique trouveront cette interrogation incongrue. Pourtant, non seulement la question mérite d'être posée, mais les bases factuelles que nous discuterons dans ce livre montrent que la question réellement se pose. Et à supposer que ce postulat soit fondé, alors se pose aussi la question des conséquences de cette finitude historique sur l'avenir de l'émancipation humaine. Car même si l'on pressent en cette perspective, au sens de Marx, une dimension causale clairement déterministe, tout va dépendre de la lutte des peuples pour accélérer la sortie du capitalisme et de la réponse qu'ils vont apporter au fonctionnement global du nouveau système à construire.

L'idée d'engagement des peuples sur une base synchronique se distinguant de l'économie capitaliste étant toujours en devenir, et sachant qu'aucun développement nouveau ne peut se faire sans prendre en compte le réel niveau de conscience sociale, lui-même déterminé par les rapports sociaux de production et de propriété qu'il implique, nous n'en pourrons percevoir le possible qu'après avoir tenté de cerner la réalité objective. C'est donc à cette tâche complexe et périlleuse que nous devons nous atteler.

Afin d'avancer dans cette voie, il nous faudra revenir sur la nature, la dimension et la portée du temps des crises et des ruses, en décortiquer le sens avant de chercher à en mesurer toutes les conséquences pour le présent et l'avenir. Il nous faudra analyser aussi l'ensemble des données disponibles sur l'état du monde, les interpréter et en mesurer les incidences géostratégiques, ainsi que les nouveaux rapports entre les différentes puissances économiques, politiques et militaires. C'est donc sur ces bases objectives – et sur ces seules bases – que nous avancerons notre hypothèse de la fin probable du capital.

Comme nous venons de le souligner, et bien que la conscience sociale des travailleurs se forge en priorité à partir de la production économique, nous analyserons chemin faisant les incidences des crises et des ruses du capital sur la lutte des classes et, malgré cela, tout l'éventail de par le monde des actions prérévolutionnaires susceptibles d'ouvrir une nouvelle phase historique.

C'est à partir de cette vision globale et concrète, propre à ouvrir la voie à une nouvelle société d'émancipation humaine, que nous proposerons d'approfondir notre matrice *écomuniste* dans le prolongement de la pensée marxienne.

Le temps des crises et des ruses

Crise de sens ou sens de la crise ?

Tant de choses ont été avancées sur les crises qu'il semble difficile de revenir sur la question. Alors pourquoi s'y essayer ? Tout simplement parce que les dires et écrits de la nomenclature bien-pensante sur le sujet ne nous éclairent non seulement pas sur le sens profond de la crise actuelle et son devenir, mais tendent de surcroît à nous mystifier. Revenir sur le débat en posant la question : « Quelle crise » ? donne à penser qu'avant de chercher à comprendre le sens de celle-ci, il faut d'abord nous accorder sur celui plus général qui les englobe toutes.

Certains esprits prétendument « lumineux » s'ingénient à nous démontrer qu'il devient de plus en plus patent que le temps des crises que nous vivons serait celui de la crise de la civilisation elle-même. Que celle d'aujourd'hui serait tout à la fois une crise sociale, une fracture du lien social, une crise économique, politique, morale, une panne de projets à moyen et long terme avec son cortège de dépressions, de régressions, de peurs et de replis égocentriques, et que si des experts vertueux cherchent à en réparer le dysfonctionnement, personne n'y croit, à l'exception de ceux qui par quelque manière en profitent. Que les tenants de l'économie et du pouvoir manquent à donner du Sens à la vie et que beaucoup d'entre nous, bien qu'en attente, se retournent vers eux ou s'en détournent par dépit. Qu'il nous faut retrouver un Sens là où nous avons perdu celui ou ceux qui animaient l'espérance individuelle et collective du progrès, dans un contexte manichéen qui simplifiait toute véritable interrogation, le bien étant tout simplement l'apanage du camp auquel on appartient et le mal celui du camp d'en face – bien évidemment. Que les générations ayant vécu sur ce mode de pensée auraient du mal à s'en défaire car manquant maintenant de repères sur le mal jusqu'alors à l'Est et qui justifiait – bien sûr – le bien à l'Ouest. Mais que ce diagnostic manque d'essentiel, ce dernier étant d'abord la question du Sens, duquel découle comment discerner, choisir, faire partager et développer ce qui est « bon », que nous appelons de tous nos vœux. Mais qu'en cela l'intuition ne suffit pas et que l'on a beau faire appel au Sens, rien ne vient en face. Que cette attente masque un vide théorique, philosophique et méthodologique tout à fait cruel. Et que ni les connotations morales ou spirituelles, ni celles qui relèvent de la sémantique et des signes ou des sciences, ni celles qui se soucient des phénomènes sociétaux ou de l'action ne suffisent à éclairer le problème et surtout à offrir des solutions. Et qu'il suffit pour s'en convaincre de le constater. Qu'il convient donc de replacer l'homme au cœur des affaires humaines et la question du Sens au cœur de la nature humaine, pour comprendre dans toute sa profondeur que la crise est avant tout une crise de perte et de quête de sens. Et que ce faisant, nous comprenons mieux le caractère salutaire de la crise, qui n'est qu'une crise de maturité de notre civilisation, comme toute crise arrivant à un seuil est le carrefour de toutes les inquiétudes, les remises en question, les régressions, les crispations. Que cet ensemble n'est autre que la « crise des représentations », c'est-à-dire celle de toute la civilisation dont la Raison a été jusqu'alors le repère régulateur, et qu'après l'âge de la Raison doit venir l'âge du Sens dont nous avons l'intuition, qui est devant nous, mais que nous devons inventer.

Sans doute aurez-vous compris que ces pourfendeurs de raison, s'évertuant à nous démontrer (avec des arguments sophistiques mêlés de bon sens apparent) que la crise que nous connaissons est avant tout une crise de sens, parviennent à « décortiquer » la question grâce à un tour de passe-passe majeur, sans jamais nommer ou dénoncer une seule fois le système politique, économique et social qui en est la cause. Pour qui en douterait, et même dans ses pires moments, le capitalisme a toujours réussi à « recycler » – parfois à leur insu – ceux qui prétendaient nous éclairer sur la perversité de sa propre crise. Mais pour en rester précisément à la question du Sens, revenons sur la nature et les raisons de la crise du capital.

Pour comprendre les véritables causes de la crise, prendre pour paradigmes la civilisation et le sens est pour le moins réducteur. Observer et mesurer, d'un point de vue marxien, les mécanismes économiques à la source des errements du capital est bien plus pertinent. Nulle radicalité n'est invoquée. Il faut simplement prendre les choses à la racine, au niveau de leur constitution première. Car notre définition du possible de la crise n'a que faire des intercesseurs déguisés ou non du capital. Elle n'a pour mobile que de discuter ce qui contribue au regain d'intérêt d'aller voir la chose dans sa primauté. Et quoi de plus primordial pour mener à bien cette analyse que de mesurer la pertinence des théories de Marx à la concrétude des réalités d'aujourd'hui ?

Redisons donc que pour analyser les crises capitalistes passées, et cette crise en particulier, la référence à Marx est fondamentale. Malgré les incertitudes et les difficultés, le cadre théorique le plus utile et le plus puissant pour appréhender les crises et la crise actuelle du capitalisme demeure encore à ce jour *Le Capital.* D'autant que pour « les économistes standards », il n'existe pas de théorie globale de la crise et que le sujet intéresse peu (et pour cause) le courant académique classique ou néo-classique, y compris le courant keynésien et néo-keynésien. Mais comme la crise est un fait difficile à nier en pratique, ceux d'entre eux qui s'y essaient l'analysent à partir de facteurs extérieurs au marché : la correction par les prix, les interventions de l'État, les bugs informatiques, les excès de comportement de certains acteurs de la finance, etc. Mais nous verrons plus loin que la spéculation, les « erreurs de comportement » et tous les autres moyens, licites ou pas, ne sont que des ruses du capital pour tenter de lutter contre le mal structurel du capitalisme afin d'ouvrir – même provisoirement – des débouchés à la suraccumulation des capitaux qui ne trouvent plus à s'investir de façon rentable dans la sphère de production. À ce stade de l'interrogation sur la nature des crises, revenons donc aux bases théoriques de la crise historique du capitalisme selon les analyses *marxienne*s.

Quitte à passer pour un affreux simplificateur, il m'a semblé utile d'en faire tout d'abord un rappel synthétique. La théorie de Marx tend à démontrer qu'il y a un défaut fondamental et non réformable dans le système capitaliste. Le taux de profit est la clé pour que les capitalistes soient en mesure de réaliser leur objectif d'accumulation du capital. Mais plus il y a d'accumulation, plus il leur est difficile de faire un bénéfice suffisant pour le maintenir. Ce taux d'auto-expansion du capital étant le moteur de la production, sa baisse apparaît alors comme une menace irrémédiable. Cela témoigne de la limite historique du capitalisme et du fait qu'il se trouve, à un moment donné, forcément en conflit avec les conditions de son propre développement dans la mesure où c'est le capital lui-même qui fixe une borne à la production. Pour en faire la démonstration, la ligne de base de l'argumentation de Marx est assez simple. Chaque capitaliste pris individuellement peut augmenter sa propre compétitivité par l'augmentation de la productivité de ses salariés. La façon de le faire est d'utiliser une quantité plus grande de « moyens de production » – des outils, des machines, etc. – pour chacun d'entre eux. Il y a une croissance de la proportion de la mesure physique des moyens de production par rapport au montant de la force de travail employée, un ratio que Marx a appelé « *la composition technique du capital* ». Mais à la croissance de la mesure physique des moyens de production correspond aussi une croissance de l'investissement nécessaire pour les acheter. Donc celui-ci grandira aussi rapidement que l'investissement dans la main-d'œuvre. Pour utiliser la terminologie de Marx, « *le capital constant* » augmente plus rapidement que « *le capital variable* ». La croissance de cette proportion, qu'il appelle la « *composition organique de capital* », est un corollaire logique de l'accumulation du capital. Il reste que la seule source de valeur pour le système dans son ensemble est le travail. Si l'investissement croît plus rapidement que la main-d'œuvre, il doit aussi augmenter plus rapidement que la valeur créée par les travailleurs qui est à l'origine de la plus-value. Bref, l'investissement en capital grandit plus rapidement que la source de profit. En conséquence, il y aura une pression à la baisse du ratio des bénéfices sur l'investissement, soit « *du taux de profit* ». Chaque capitaliste doit s'efforcer d'accroître la productivité afin de conserver son avance sur ses concurrents. Mais ce qui semble avantageux pour le capitaliste pris individuellement est désastreux pour la classe capitaliste dans son ensemble. Chaque fois que la productivité augmente, il y a une baisse de la quantité moyenne de travail nécessaire dans l'économie globale pour produire une marchandise (ce que Marx a appelé « *le travail socialement nécessaire* ») qui va déterminer le niveau du taux de profit. L'une des conséquences indirectes tient au fait que si la production augmente avec moins de travail vivant, et ce malgré la baisse fictive du prix de certains biens appelés à tort de consommation courante : ordinateurs, téléphones mobiles, téléviseurs, véhicules à moteur, réfrigérateurs, vêtements, etc. (produits à la chaîne par des industries mettant en œuvre des nouvelles technologies et des conditions de production contributives à l'augmentation plus rapide de la productivité), moins nombreuses seront les personnes en capacité pécuniaire d'acquérir ces biens produits et donc plus grande en sera leur surproduction relative. Cependant, parmi les contradictions du fonctionnement de l'économie capitaliste, la « tendance à la baisse du taux de profit » proposée par Marx est une des lois des plus signifiantes, pour ne pas dire la plus importante du legs théorique marxien, mais elle est aussi l'une des plus controversées. À partir de cette toile de fond s'est développé un débat sur la caractérisation de la crise : surproduction, suraccumulation, sous-consommation ?

En effet, pour expliquer la crise de croissance du capitalisme au XIXe siècle, non seulement Marx met en avant, comme nous venons de le voir, la contradiction intrinsèque au système : *la tendance à la baisse du taux de profit,* mais il y « ajoute » une deuxième contradiction : *la suraccumulation du capital* (ou surproduction du capital), laquelle, ne trouvant pas de débouché suffisant sur le marché, induit une baisse de la plus-value créée par rapport au capital investi. Bien qu'il ait élaboré un cadre dans lequel ces deux phénomènes semblent intimement liés, il donne plus ou moins d'importance à l'un ou à l'autre comme cause fondamentale de la crise. Dans *Le Capital* (Livre III), la baisse tendancielle du taux de profit est présentée comme la loi majeure de l'analyse du capitalisme, alors que dans sa polémique avec Ricardo, dans les « Théories sur la plus-value », *Le Capital* (Livre IV), Marx considère la surproduction comme le phénomène fondamental des crises. Selon Marx, « *le taux de profit est bien l'aiguillon de la production capitaliste (de même que la mise en valeur du capital est son unique fin), sa baisse ralentira la constitution de nouveaux capitaux autonomes et elle semble dès lors menacer le développement du procès de production capitaliste, elle favorise la surproduction, la spéculation, les crises, la constitution d'un capital excédentaire, à côté d'une population en excédent.* » *Le Capital* (livre III). Il s'agit là d'une surproduction de capital, non de marchandises, bien que Marx considère, comme nous pourrons le voir plus loin, que « *(...) la surproduction du capital implique toujours la surproduction de marchandises.* » Cela signifie donc que « *cette concentration croissante entraîne de son côté, à un certain niveau, une nouvelle chute du taux de profit. La masse des petits capitaux éparpillés est ainsi contrainte à s'engager dans la voie de l'aventure : spéculation, gonflement abusif du crédit, bluff sur les actions, crises. Ce qu'on appelle la pléthora (pléthore) de capital concerne toujours essentiellement la pléthore du capital pour lequel la chute du taux de profit n'est pas compensée par sa masse – et c'est toujours des bourgeonnements de capital frais qui viennent de se former – ou la pléthore qui, sous une forme de crédit, met ces capitaux incapables d'exercer une action à leur propre bénéfice, à la disposition de ceux qui dirigent les grands secteurs commerciaux ou industriels. Cette surpopulation relative, et c'est donc un phénomène qui vient compléter celle-ci, bien que les deux faits se situent à des pôles opposés, capital inemployé d'un côté et population ouvrière non occupée de l'autre ; surproduction de capital, non de marchandises singulières, quoique la surproduction de capital implique toujours surproduction de marchandises – signifie donc suraccumulation de capital. Pour comprendre cette suraccumulation [...] il suffit donc de supposer qu'elle est absolue. Quand la surproduction de capital pourrait-elle donc être absolue ? Et il s'agit ici d'une surproduction qui n'intéresserait pas seulement tel ou tel secteur de production ou quelques secteurs importants, mais qui serait absolue dans son volume même, donc engloberait tous les secteurs de production. Il y aurait surproduction absolue de capital dès que le capital additionnel destiné à la production capitaliste égalerait zéro. Or la fin de la production capitaliste, c'est la mise en valeur du capital : c'est-à-dire l'appropriation de surtravail, la production de plus-value, de profit. Donc, dès que le capital aurait augmenté par rapport à la population ouvrière dans des proportions telles que ni le temps de travail absolu, que fournit cette population, ne pourrait être prolongé, ni le temps de surtravail relatif étendu [...] si le capital accru ne produisait qu'une même masse de plus-value tout au plus égale et même moindre qu'avant son augmentation, alors il y aurait surproduction absolue de capital ; c'est à dire que le capital augmenté C+ΔC ne produirait pas plus de profit ou même en produirait moins que le capital C avant qu'il ne s'accroisse de ΔC. Dans les deux cas, se produirait une forte et brusque baisse du taux général de profit* » (Marx, *Le Capital,* Livre III).

Ainsi, on ne produirait pas trop de « richesses », mais on en produirait périodiquement trop sous des formes capitalistes contradictoires. La limite du mode de production capitaliste apparaît : « *Avec la baisse tendancielle du taux de profit, le développement de la force productive du travail donne naissance à une loi, qui, à un certain moment, entre en opposition absolue avec le propre développement de cette productivité.*

De ce fait le conflit doit être constamment surmonté par des crises. » (Marx, *Le Capital,* Livre III). C'est le taux de profit – rapport entre le travail non rémunéré et le travail matérialisé en salaires – qui décide de l'extension ou de la limitation de la production au lieu de la satisfaction des besoins. La production stagne non quand la satisfaction des besoins l'impose, mais quand le niveau de profit le commande. Si le taux de profit baisse, il existe une tendance pour un capitaliste à essayer de réaliser un profit extra : course au progrès technique, fuite dans la spéculation ou les aventures, pour s'assurer un profit plus élevé que la moyenne générale... Cela pourrait s'appeler la recherche de la meilleure parade à la baisse tendancielle du taux de profit, mais le capitalisme devenant de plus en plus globalisé développe encore un obstacle qui lui est propre. « *Et si la formation de capital devenait le monopole exclusif d'un petit nombre de gros capitaux arrivés à maturité pour lesquels la masse du profit l'emporterait sur le taux, le feu vivifiant de la production s'éteindrait définitivement. Celle-ci tomberait en sommeil* » (Marx, *Le Capital*, Livre III).

Dès le XIXe siècle, Marx a donc été confronté à l'interprétation des crises comme étant directement liées à une sous-consommation causée par l'insuffisance des salaires versés et le faible pouvoir d'achat des travailleurs. Mais la sous-consommation traduit toujours une surproduction. Si le capitalisme a besoin de salariés en tant que force de travail, puisque c'est de la valeur d'usage de cette force de travail que naît le surplus qui engendre le profit, il en a besoin aussi comme consommateurs. Cependant, le réflexe de chaque entreprise, contrainte par la recherche du profit maximum et la concurrence, est de considérer les salaires uniquement comme un coût qu'il faut réduire pour accroître le profit. Ce qui revient à scier la branche sur laquelle elle est assise. Logée au cœur même du rapport entre le capital et le travail, cette contradiction possède, de façon objective et permanente, un caractère antagoniste irréductible. Comme nous pouvons le constater, prendre la question de la crise par le biais de l'économie marxienne est décisif pour en comprendre les mécanismes, même s'il convient de lui ajouter la dimension philosophique, morale et politique.

Au point où nous en sommes de la controverse, et bien que dans *Pour sortir du capitalisme* j'ai appuyé l'idée de l'insuffisance chronique de plus-value comme facteur principal de la crise, il me paraît plus utile de mettre en exergue les convergences plutôt que les divergences dans ces différentes approches puisqu'elles confortent la lutte de classes pour combattre le capitalisme. Car somme toute, la loi marxienne selon laquelle le développement du capital et son procès d'accumulation conduisent toujours à une suraccumulation du capital, c'est-à-dire à un « excès » de capital sous toutes les formes possibles au cours du procès de valorisation : argent, moyen de production, force de travail, marchandises, puis à nouveau argent, doit s'entendre, bien sûr, dans la généralité, comme capital unique susceptible de réaliser une plus-value suffisante sous forme de profit par la vente des marchandises produites. Donc, suraccumulation de capital ou sous-consommation des masses sont deux façons de dire la même chose. Par exemple, trop de moyens de production et de marchandises et trop peu de masse salariale pour les absorber, ou encore trop de capital produit accumulé et trop peu de plus-value produite. Par ailleurs, méfions-nous de la tendance du *tout économique*, même appuyée sur des théories marxiennes, qui pourrait nous conduire à voir les contradictions du capitalisme de façon distanciée, hors des réalités concrètes de la crise et de leurs terribles conséquences pour le travailleur collectif et l'ensemble des producteurs. Ce qu'il ne faut surtout pas perdre de vue, c'est que le capitalisme n'est pas qu'un « système économique », c'est aussi un système de domination sociale au profit d'une bourgeoisie oligarque, certes hiérarchisée, mais présentement structurée au niveau mondial.

Pour en revenir aux limites du mode de production capitaliste conduisant à la crise, rappelons que le but du capital est de produire pour le profit et non pour la satisfaction des besoins sociaux, ce qui engendre une « *discordance entre les dimensions restreintes de la consommation sur la base capitaliste et une production qui sans cesse tend à franchir cette barrière qui lui est immanente* » (Marx, *Le Capital*, Livre III). Les limites de la production capitaliste ne viennent donc pas de la production en soi, mais d'une tendance biaisée au développement des forces productives par des rapports de production uniquement liés à la loi du profit. Si le capitalisme est et sera toujours marqué par sa profonde indifférence quant à l'usage social ou environnemental des marchandises produites, et donc à la finalité des investissements, c'est que son but ultime est la valorisation sans limites du capital. Comprendre cela, c'est comprendre du même coup pourquoi naîtra toujours de ses contradictions intrinsèques l'exclusion des travailleurs du partage équitable de la valeur produite (et non des richesses comme il est dit parfois à tort) et combien, malgré les difficultés de compréhension de ses mécanismes contradictoires et complexes, la conscience de classe en sortira, malgré les apparences défavorables, un jour renforcée.

Aujourd'hui, les limites qui servent de cadre à la conservation et la profitabilité de la valeur-capital reposent sur l'expropriation et l'appauvrissement des petits et moyens producteurs, ainsi que sur l'exclusion massive des travailleurs contraints au chômage. Entrant sans cesse en contradiction avec les nécessités humaines, celles-ci doivent être dépassées pour que le capital parvienne à ses fins. Mais comme elles tendent à faire de la production une fin en soi au détriment des besoins, elles ne peuvent porter remède au système. Il est donc illusoire de penser endiguer la crise par une meilleure répartition de la valeur produite. Ce sont uniquement les circonstances historiques exceptionnelles de l'après Seconde Guerre mondiale – nécessité d'une reconstruction massive, bases syndicales et politiques en partie favorables aux travailleurs – qui ont permis un meilleur partage de la valeur produite tout en donnant la possibilité transitoire au capital de réaliser malgré cela la valeur ajoutée et la plus-value. Or dans le cadre de la mondialisation, la production est redevenue pleinement et exclusivement « une production pour le capital ». Non seulement le rapport capital-travail est redevenu antagonique, mais il tend à la paupérisation généralisée d'un nombre croissant d'exclus, mettant ainsi plus encore en péril le fragile équilibre du système. La profondeur de l'antagonisme du capital envers celles et ceux qui doivent vendre leur force de travail est donc consubstantielle au capitalisme enraciné dans la recherche d'une plus-value maximale et renforcée par la concurrence. Une fois éloignées de la phase de grande dépression des années 1930, partiellement stoppée par la Seconde Guerre mondiale – qui lui est consécutive – et le rapport de force plus favorable aux travailleurs stoppé en partie par l'implosion du « socialisme réel », les politiques néolibérales s'imposent. Ce changement, intervenu dans l'identité des propriétaires du capital, a libéré cet antagonisme irréductible que la mondialisation forcée du capital n'a fait qu'aviver. La libéralisation et la déréglementation qui s'en suivent ont eu pour conséquence la mise en concurrence directe de travailleurs des différents pays ayant une productivité du travail quasi équivalente, mais contraints par des rapports politiques et sociaux locaux permettant aux entreprises de les payer jusqu'à 10 ou 15 fois moins tout en leur déniant le salaire indirect d'une protection sociale encore consentie dans certains pays occidentaux. Les disparités des salaires d'un facteur 10 pour la seule Union européenne entre 2008 et 2013 illustrent bien ce fait. Elles tendent à montrer aussi combien, en très peu de temps, se sont rapprochées ces disparités. Les délocalisations aujourd'hui n'ont plus cours exclusivement dans les pays « émergents », mais sont aux portes mêmes de nos voisins européens immédiats.

Comme l'a déjà souligné François Chesnais : « *En 1848, c'est au cadre national que Marx et Engels se référaient lorsqu'ils constataient dans le* Manifeste du Parti communiste *que "l'organisation du prolétariat en classe" était "sans cesse détruite par la concurrence que se font les ouvriers entre eux". Aujourd'hui, les conditions historiques dans lesquelles s'est achevée la constitution du marché mondial, c'est-à-dire l'effondrement de l'URSS et l'incorporation de la Chine dans le capitalisme mondial, ont fait faire un saut qualitatif à l'intensité de cette concurrence, facilitant la mise en œuvre des nouvelles normes de "gestion des ressources humaines"* ». De ce point de vue, l'Europe capitaliste et toutes les structures d'organisation et de fluidification du commerce international sont devenues de redoutables machines à faire baisser le coût du travail général sans parvenir pour autant à endiguer la crise.

Quoi qu'il en soit, que les contradictions de l'économie capitaliste portent certains économistes marxistes à mesurer une baisse du taux de profit (voire pour d'autres une hausse) ou une suraccumulation du capital, le long déclin de l'investissement productif est là pour nous rappeler la bien réelle érosion des opportunités d'investissement ayant un niveau de rentabilité suffisant aux yeux des détenteurs de capitaux aujourd'hui et sa portée sur la situation humaine et sociale des travailleurs. Le très capitaliste quotidien boursier, économique et financier *La Tribune* ne dit pas autre chose lorsqu'il constate qu'en 2013, le capital-investissement entreprise français est à sec : « *(...) quatre sociétés de private equity sur dix ne disposaient plus – en moyenne – que de 9 % de leur fonds sous gestion pour investir dans de nouvelles entreprises (...) si les réserves de ce dernier s'épuisent, c'est parce qu'il peine à lever des capitaux auprès d'investisseurs institutionnels et particuliers, depuis trois ans* ». La désertion de l'entreprise vers la finance de ces fonds d'investissement est l'illustration même des problèmes que rencontre le capitalisme pour gérer la suraccumulation du capital. Comme le montre Marx, « *si le taux de profit est la force motrice de la production capitaliste... on n'y produit que ce qui peut être produit avec du profit, et pour autant que cela peut être produit avec profit* ». Ce système, caractérisé par une nécessité illimitée de profit qui est empêché par une insuffisance d'investissement dont il est lui-même la cause, n'augure rien de bon pour l'avenir. Jamais à ce jour, une force telle que les sociétés transnationales, les grands fonds de pension et autres placements collectifs et les appareils étatiques et militaires qui en défendent les intérêts n'avaient incarné avec autant de superbe et de perfidie la toute-puissance d'un capitalisme pourtant immanquablement voué à l'échec. Le niveau historique de l'ampleur de sa crise généralisée aujourd'hui n'en reflète que plus sa très grande fragilité.

Il nous faut donc appréhender cette crise dans une perspective d'aggravation soutenue des dysfonctionnements des mécanismes de régulation du système mondial sous l'égide des États-Unis et de ses acolytes, en grande partie liés au déficit abyssal états-unien causé par les grandes vagues de déréglementation des marchés monétaires et financiers à compter des accords de Bretton Woods permettant l'abandon de la convertibilité-or et la démonétisation or, et donc le démantèlement du système d'étalon de change-or. Nous pouvons donc nous attendre à de nouvelles vagues de déréglementation des marchés monétaires et financiers, malgré la piètre comédie des soi-disant régulations du G20 avec, comme corollaire, la libéralisation accrue des taux de change et des taux d'intérêt et l'accroissement de la dette des pays du Sud. Il ne s'agit de rien de moins que d'un véritable coup d'État financier par lequel la haute finance, principalement états-unienne, va tenter de déplacer plus encore le centre de gravité du pouvoir mondial vers la financiarisation, afin d'imposer un nouveau diktat à toute l'économie, y compris par la force si nécessaire. Mais ne nous y trompons pas, même si le capitalisme parvient, grâce à la sophistication accrue de ses ruses, à stabiliser provisoirement la crise, voire à nous illusionner sur son recul, il sera toujours rattrapé à un moment donné par ses contradictions et ramené à la récession généralisée. La faillite bancaire de ces temps derniers est le symptôme de sa propre faillite. Et il ne dispose fondamentalement d'aucune solution durable de rechange. La financiarisation, en se nourrissant de la baisse de la part salariale et des déséquilibres de l'économie mondiale, ne parviendra pas pour autant à dégonfler la crise. Il faudrait pour cela qu'elle accepte de changer les bases mêmes de son objectif économique et donc de renoncer à la capitalisation elle-même. Qu'on le veuille ou non, les implications de la théorie de Marx vont très loin. Le succès apparent de l'accumulation capitaliste crée des problèmes pour l'accumulation ultérieure et entraîne inévitablement, comme nous venons de le voir, la crise. Les capitalistes, dans les secteurs clés de l'économie, n'ont plus de taux de profit suffisant pour couvrir leur investissement productif. Et plus l'accumulation se fera à une grande échelle, plus profondes seront les crises à venir. Raison de plus pour combattre sans concession un système dont le fondement, à travers la dynamique contradictoire de la reproduction élargie du capital, pousse inéluctablement à la crise et à la barbarie.

Cruauté, dureté et limites des ruses du capital

Après avoir brièvement résumé les analyses fondamentales de Marx sur les causes profondes des crises systémiques du système capitaliste et vérifié leur pertinence sur la crise actuelle – principalement la loi établissant son développement et son mécanisme d'accumulation qui le conduit inéluctablement à une suraccumulation de capital, loi qui ne doit pas être confondue avec les causes immédiates qui jouent le rôle de déclencheur de la crise –, nous voilà amenés à faire « l'inventaire » de l'ensemble des ruses que ce système a mises en œuvre au cours du temps pour tenter d'en contrecarrer les effets. La compréhension de tous ces dispositifs est non seulement indispensable à la compréhension du rebond incessant des crises et leur approfondissement depuis l'avènement du capitalisme, mais fort utile pour démontrer que quelle que soit leur ingéniosité ou leur cruauté, rien ne peut en stopper durablement le cours. Nous aurions pu présenter les tenants et les aboutissants de ces ruses en une sorte d'élargissement permanent de celles-ci, prétendant répondre à la complexification du procès de production, mais nous avons préféré nous approcher, dans la mesure du possible, de leur chronologie historique.

Le colonialisme

Si le capitalisme occidental fonde son développement sur le commerce lointain, pour autant, les grands empires coloniaux des XVIe et XVIIe siècles, tels l'Espagne, le Portugal ou la Hollande, s'établissent avant même de connaître le plein boum du capitalisme industriel et les premières conquêtes ne résultent donc pas directement de problèmes liés à la suraccumulation du capital. Nous en serions plutôt ici, pour reprendre le point de vue marxien, au début de l'ère capitaliste : « *La découverte des contrées aurifères et argentifères de l'Amérique, la réduction des indigènes en esclavage, leur enfouissement dans les mines ou leur extermination, les commencements de conquête et de pillage aux Indes orientales, la transformation de l'Afrique en une sorte de garenne commerciale pour la chasse aux peaux noires, voilà des procédés idylliques d'accumulation primitive qui signalent l'ère capitaliste à son aurore.* » Marx y voit aussi l'origine des capitaux nécessaires à son essor qui proviennent de l'expropriation des terres dans les colonies, de la création de monopoles de droits (Compagnies des Indes) et de l'exploitation et de la mise en esclavage de toutes les populations indigènes. Certes, le colonialisme de toutes les époques découle du régime économique, mais dans sa phase contemporaine, son expansion a une explication plus subtile que la cupide velléité de ces migrations féodales ou antiques. C'est principalement parce que la classe possédante, industrielle et commerçante, recherche soit des débouchés pour les produits de ses usines, soit un placement pour ses réserves d'argent, soit de nouvelles sources d'exploitation et de richesse, qu'elle va détourner les subsides de l'action publique vers les entreprises coloniales.

En dépit de certains traits similaires aux conquêtes espagnoles, portugaises et hollandaises, accapareuses et, pour les deux premières surtout, prétendument civilisatrices (au sens religieux du terme), la colonisation française, allemande ou anglaise de 1900 s'en distingue surtout par sa dimension strictement mercantile. Alors que les générations antérieures recherchaient l'or ou les marchandises coûteuses, cette génération se préoccupe principalement d'élargir le marché de son industrie, de parer à la surproduction chronique qui l'accable, tout en prenant garde à ne pas avouer les causes exactes de ses entreprises, les camouflant même par des déclamations creuses et des raisonnements de haute métaphysique sociale. Ces mensonges, qui se sont étalés impunément à la tribune des parlements ou dans les journaux pendant plus d'un quart de siècle et qui continuent aujourd'hui encore d'être portés par la classe dominante, doivent être vigoureusement démasqués.

L'idée que « plus vaste est le domaine exotique d'une nation, plus consistant sera son prestige » est alors avancée par Jules Ferry et sa clique. Seelet, le théoricien de l'impérialisme britannique, n'écrivait-il pas aussi: « *Les États qui garderont une faible étendue en face de ces colossales agglomérations de la Russie, de l'Amérique, tomberont au second rang* » ? Bien qu'accessoire dans l'esprit de ceux qui en soutenaient la thèse, la France de 1900, maîtresse de l'Indochine, de Madagascar, du Tchad et du Magreb, l'emportait donc, en vigueur relative, sur la France de 1880. C'est ainsi que M. Leroy-Beaulieu fait appel à l'âme même des collectivités humaines qui doivent sans relâche élargir leur horizon : « *La conscience nationale,* dit-il, *sait que seule la colonisation peut maintenir ouverte cette vaste carrière d'activité et d'expansion, ce champ nécessaire de l'idéal, dont ne peut se passer complètement un peuple qui n'est pas caduc.* » Ou encore Jules Ferry et l'Italien Crispi qui, à l'époque de la grande poussée, osent les développements suivants : « *La civilisation, que nous avons reçue en dépôt des Grecs et des Romains, nous ne saurions la garder immobile, inféconde entre nos mains. De même que les chrétiens et les musulmans firent œuvre de propagande pour leur foi, en parcourant le monde, l'épée à la main ou le cimeterre au poing ; de même, nous manquerions à notre tâche la plus sacrée, si nous n'allions pas supprimer, sur la côte de Guinée, les massacres traditionnels, ou abolir la traite sur les grands lacs africains ! Ainsi l'humanité est intéressée aux entreprises publiques ou privées des Européens dans les terres vierges. Chaque expédition, chaque conquête, marque un progrès de la justice, de l'ordre, de la science, de la bonté. Ceux qui combattent les aventures, au nom d'on ne sait quels principes erronés, sont des ennemis de l'évolution du monde, des ignorants, des rétrogrades. Un pays se déshonorerait, s'il n'essayait pas d'arracher à sa torpeur séculaire, à sa barbarie honteuse, quelque parcelle des contrées à demi explorées. À l'inverse, il saisit des titres de gloire devant la postérité, s'il accomplit une œuvre utile et durable d'assimilation.* »

Mais ce n'est pas tout. Pour justifier ce programme d'expansion civilisatrice, d'autres sont allés jusqu'à façonner la théorie des races inférieures : « *Le blanc est l'homme supérieur ; aucun type d'être vivant ne pourrait être comparé au sien. De même qu'il a domestiqué le cheval, le chameau, l'éléphant et le chien, de même il mettra en tutelle tous les hommes qui ne sont pas blancs. Une volonté providentielle les a destinés à servir, à peiner pour autrui, à travailler sans récompense.* » Paul Louis, dans son livre : *Le Colonialisme*, cite l'Américain Helper qui, pour justifier le programme d'expansion civilisatrice de 1886, osa même écrire : « *Conformément aux commandements du Tout-Puissant, il faut que tous ceux dans les veines desquels coule du sang noir soient exterminés.* » Voilà le vrai visage de la colonisation occidentale : cruauté et mensonge doublés d'une impérieuse opération de capitaux.

En suivant pas à pas la poussée de la grande industrie, la forte expansion coloniale du siècle dernier tente de sauver par la ruse et la dureté le capitalisme malade chronique de ses propres crises et de sa surproduction inévitable. Et comme l'a encore si bien écrit Paul Louis : « *La classe possédante a dû coloniser, sous peine de mort. Au risque de périr, avant l'heure, sous l'entassement de ses produits manufacturés, elle a été entraînée à chercher, sabre au poing, ses clients.* » Mais les ruses de la raison postcoloniale n'ont rien à envier à la phase précédente. Du colonialisme faussement émancipateur à la présence toujours vivace des ex-pays colonisateurs (surtout en Afrique), la France n'en est pas encore arrivée à rougir de son propre passé. La « décolonisation » n'est pas la fin de la colonisation, mais une subtile variante qui apporte en dot « *ce trousseau de servitudes que l'on nomme indépendance* ». Et c'est bien ce que nous constatons en observant attentivement la réalité des ex-pays coloniaux. L'idée d'indépendance, initiée en 1944, n'est compréhensible qu'en analysant la conjoncture internationale caractérisée alors par la montée en force des deux grands « absents » du partage colonial : les États-Unis impérialistes (mais aussi néocolonialistes en Amérique latine) et l'Union soviétique. En pesant tous deux sur la naissance de l'ONU, ils initièrent dans la charte de 1945 l'idée d'auto-administration par les populations concernées « des territoires non autonomes », se gardant d'employer le terme de « colonies ». L'anticolonialisme impérialiste, sous la houlette des États-Unis, qui exerçait une influence sur le colonialisme britannique en Afrique, n'était que pur opportunisme, tout autant que le soi-disant humanisme humanitaire du général de Gaulle qui s'opposa à la décolonisation française à la conférence de Brazzaville en 1944. C'est cette conjoncture internationale qui explique la « décolonisation ».

Après la période transitoire de 1946 à 1960, les États-Unis laissèrent la France jouer le rôle de gendarme du « monde libre » anticommuniste dans ses « ex-colonies » alors que L'URSS « manifestait son indifférence ». « Aide » militaire et souveraineté monétaire partagée, le postcolonialisme ne devint pas autre chose qu'un néocolonialisme. Aujourd'hui encore, ce dernier n'est pas mort. Sa pseudo démocratisation néolibérale et ses réseaux politico-économiques, véritables mafias étatiques toujours plus étendues, l'apparentent à un « occupant » plus brutal qu'hier eu égard aux tragédies produites (et, disant cela, je ne pense pas seulement au génocide rwandais). Malgré « les indépendances », le fardeau du colonialisme pèse plus que jamais sur les pays africains et la coopération, comme l'a lui-même qualifié Omar Bongo (qui en connaît un rayon sur la chose) : « *Ce n'est qu'un cercle vicieux.* » Pour ne prendre que l'exemple hexagonal : la France sans l'Afrique n'est qu'un moteur sans carburant. Il revient donc au mouvement anti-impérialiste et anticapitaliste de mettre à l'ordre du jour la nécessité de rompre avec cette survivance de la colonisation qui n'est autre qu'une ruse du capital pour trouver des débouchés à sa congénitale suraccumulation.

La barbarie

Nul n'aurait pu me faire reproche d'utiliser à la légère le terme « barbarie » à propos du colonialisme, mais il y a quelques caractéristiques principales qui lui sont propres que je vais identifier ici. Je ne veux pas parler du soi-disant caractère permanent et universel de l'homme qui serait une donnée latente de la civilisation : une sorte de mal radical qui s'empare de lui si la distribution des forces de la société ne peut plus le réfréner. Ou encore des idées émises dans ce brûlot qui fit scandale en 1977 : *La Barbarie à visage humain*, qui non seulement prétendaient révéler cette tentation barbare demeurant tapie au fond de nous-mêmes, mais plaçaient sur le même plan le « socialisme » aveugle et cruel de Staline et l'Holocauste nazi.

La barbarie dont je parle ici naît toujours de la fusion du capital transnational en crise avec un pouvoir politique réactionnaire raciste et factieux. Phénomène d'autant plus vrai et inquiétant qu'aujourd'hui l'on se trouve face à un capitalisme décadent. À ce stade, crise, guerre et barbarie sont imbriquées. N'oublions jamais que Krupp, président de la fédération du patronat industriel allemand, avait pour but « *la mise en place d'une coordination entre l'État totalitaire et l'organisation industrielle* » et que des unités de la Gestapo installées dans les locaux de ses usines pratiquaient la torture et l'assassinat de travailleurs (plusieurs centaines de salariés de Krupp ont été envoyés dans des camps de concentration entre 1934 et 1939). En 1943, il fit même construire une usine à l'intérieur du camp d'Auschwitz où les détenus participaient à la fabrication de détonateurs d'obus en attendant la mort. La collusion du capital transnational, malgré l'apparente contradiction « des deux camps ennemis », nous permet de constater que la compagnie américaine Ford et Opel (une succursale de General Motors) a produit près de la moitié des camions militaires et des avions utilisés par le régime nazi. Malgré le procès de Nuremberg en juillet 1948, condamnant Elfried Krupp von Bohlen à 12 ans de prison avec confiscation de propriété, les milieux capitalistes et le gouvernement américain ont fait pression et obtenu sa libération en février 1951, ainsi que la restitution de ses biens assortie d'une compensation financière pour sa période d'emprisonnement. Dans ces conditions, qui pourrait nous faire croire que le capital international n'était pas impliqué dans l'avènement du fascisme et du nazisme et qu'il n'a pas couvert, *de facto*, l'Holocauste ?

Le capitalisme « clandestin » a de tout temps pris le pas sur celui que nous pourrions appeler « officiel » ou plus exactement sa vitrine légale. La duplicité, la cupidité, l'opportunisme, la soumission, la subordination et l'exploitation sont le moteur d'un système destiné à la fabrication des profits pour une minorité de privilégiés. Dès que vous résistez, le système vous marginalise. Et si vous résistez vraiment, alors il cherche à vous briser. La contre-vérité comme mode de fonctionnement a produit des exemples à la pelle, sans parler de celui relativement récent pour mettre à genoux l'Irak afin de se garantir de ses approvisionnements pétroliers. Souvenons-nous du coup d'État de Pinochet, lorsque avec l'accord des États-Unis, le conseiller de l'ambassade à Santiago s'adressant à M. Horman, qui vient de découvrir que son fils Charles (journaliste américain) a été assassiné par la junte fasciste, lui dit en substance : « *Nous défendons un mode de vie. Vos affaires en font partie ; vous-même en faites partie. Nous ne saurions abandonner les intérêts des multinationales implantées au Chili.* » Tout est dit. Et si aujourd'hui certains banquiers comme les barons de *Cosa nostra* montent en grade, ils agissent, mais ne parlent pas. L'omerta pour eux aussi est la règle.

La barbarie est le crime parachevé de la logique du capital en crise. Tout comme la crise est à l'intérieur de la société capitaliste, barbarie et guerre sont intégrées au cycle économique en tant que forme extrême de destruction de capital. Et qui dit forme extrême de destruction de capital, dit forme extrême d'organisation politique et étatique. La naissance et le développement des systèmes fasciste et nazi n'ont fait que répondre à cette redoutable attente.

Dans ce couple infernal guerre/barbarie, nous devons aussi fustiger cette idée préconçue selon laquelle nous aurions tous reçu en partage une même nature humaine qui pousse toutes les sociétés à user de violence pour faire fructifier leur intérêt. L'argument utilisé pour caractériser la barbarie sert à nouveau pour définir le fondement premier de la guerre : l'homme serait foncièrement mauvais. Or non seulement des recherches anthropologiques récentes tendent à montrer que dans la société primitive, la guerre, dépourvue de positivité par la priorité attribuée à l'échange, perd toute dimension institutionnelle : « *Elle n'appartient pas à l'être de la société primitive, elle n'en est qu'une propriété accidentelle, hasardeuse, inessentielle ; la société primitive est pensable sans la guerre.* » De plus, certains anthropologues affirment que : « *La véritable activité guerrière n'apparaît qu'au moment où les chasseurs se sédentarisent.* » Pour reprendre le point de vue de Margaret Mead, la guerre « *n'est qu'en invention, et non une nécessité biologique.* » En fait, la *kleptocratie* historique a toujours cherché par la ruse à gagner le soutien populaire pour continuer à jouir d'un mode de vie de plus en plus confortable : désarmer le peuple et armer indirectement l'élite (plus facile en ces temps de haute technologie), employer le monopole de la force pour maintenir l'ordre du capital, élaborer une idéologie ou une religion qui justifie son système de vol organisé.

Mais qu'en sera-t-il alors de la barbarie à l'aune du capitalisme global décadent ? Car la forme extrême d'organisation politique et guerrière pour faire face à l'impérieuse nécessité de destruction de la production accumulée ne peut se regarder au XXIe siècle comme cela le fut au XXe siècle. Le système évolue dans un espace où l'expansion spectaculaire de la population mondiale marginalisée, ou mise à la porte de la participation productive de l'économie capitaliste en crise, constitue un *tiers-monde* de plus en plus grand. La nécessité pour le capital d'assurer le contrôle social de cette masse ultra paupérisée, vivant dans une sorte de planète taudis, risque de donner une impulsion nouvelle aux projets néo-fascistes et peut faciliter à terme le passage d'une aide sociale de subsistance de plus en plus étriquée à un contrôle social plus cœrcitif, ouvrant la porte à un véritable État policier.

Trois grands secteurs du capital transnational sont présentement enclins à rechercher des arrangements politiques à caractère fasciste pour faciliter l'accumulation : la spéculation du capital financier, le complexe militaro-industriel (sécuritaire ou intrusif), le secteur des ressources minières et de l'énergie (en particulier le pétrole et le gaz et même, à moyen terme, le charbon). C'est pourquoi l'idéologie principale du fascisme du XXIe siècle repose surtout sur l'irrationalité d'une promesse sécuritaire anti-migratoire qui prétend « exiger » une sorte de cohésion nationale au sein d'un État où règne l'ordre social. La facilitation de cette idéologie s'exerce quotidiennement grâce à un contrôle sans précédent sur les médias de masse, les moyens de communication et de production d'images symboliques et de messages préparant les esprits à autoriser le néo-fascisme sans rupture des cycles électoraux constitutionnels.

Dans ce contexte, il serait illusoire d'imaginer que le fascisme moderne peine encore à trouver sa place au futur panthéon des grands tyrans. Pour autant, le torrent ultralibéral productiviste n'a pas attendu sa venue pour charrier tous les cadavres civils passés aux pertes et profits au cours des conflits régionaux du Moyen-Orient ou d'ailleurs, afin de sécuriser ses approvisionnements énergétiques vitaux.

L'autre versant de la barbarie se rattache à la dérive mafieuse qui touche à la fois les États, les gouvernants, et l'ensemble du système capitaliste mondialisé. Certains tentent de camoufler le problème à travers la corruption et la criminalité, se gardant bien d'analyser la situation dans sa globalité. Ils le font parfois en forçant le trait, comme s'il s'agissait « *d'un poumon à la finance parallèle* », ou en fustigeant le laxisme de la Communauté européenne coupable d'avoir fait entrer dans l'Union, des pays, selon eux, généralement caractérisés par une solide culture de corruption (pots-de-vin dans le cadre de marchés publics, détournements de fonds publics). Il s'agit le plus souvent d'anciens pays du bloc de l'Est. Mais, curieusement, ils y incluent la Grèce, justifiant ainsi la nécessité d'un redressement des comptes publics et d'une politique d'austérité. Ce faisant, ils se réfèrent le plus souvent à « *l'indice de corruption* » établi par *Transparency International*, se lamentant de la corruption étouffée de l'Espagne (notamment dans le domaine du bâtiment : l'économie de la brique) et surtout du 25e rang de la France parmi les 178 pays analysés. Leur mobile s'éclaircit surtout lorsqu'au détour d'une phrase, on apprend que le remède à tous ces maux serait le renforcement de l'Organisation Mondiale du Commerce, voire, à terme, la création d'une gouvernance mondiale.

Pas plus que la notation de la corruption des divers pays à travers le monde, la fustigation des banques (« *Ces belles putes maquillées avec distinction* ») n'est suffisante pour nous aider à comprendre les vrais mécanismes de la dérive mafieuse aujourd'hui. L'époque coloniale française en Indochine, durant laquelle nos chimistes étaient les meilleurs pour produire la drogue, a sans doute permis au crime organisé de récupérer cette compétence au départ de la France et des États-Unis, et de créer, au moment où l'économie légale se mondialisait, une véritable production multinationale de la drogue. Mais quelle que soit l'ampleur du phénomène, cela n'est pas réellement déterminant pour étayer notre thèse. Et même si la libéralisation des programmes d'ajustement du Fonds Monétaire International, de la Banque mondiale et les paradis fiscaux facilitent indéniablement la criminalisation, on ne peut pas dire que les groupes économiques et sociaux à l'œuvre pour gangrener gouvernants et États soient directement mêlés au crime organisé. Il serait plus juste de parler d'un lien entre libéralisation économique et financière et criminalisation de l'État.

La dérive mafieuse ne peut plus se limiter au champ de l'histoire criminelle. Elle relève de l'histoire de la pseudo démocratie capitaliste. Voilà pourquoi la base de notre questionnement tient seulement en quelques mots : « *Le capitalisme de la crise généralisée d'aujourd'hui est-il en passe de devenir un vrai système mafieux* ? »

Si cela est, alors ce dernier existant comme une réalité sociale en soi, pourvu d'une certaine autonomie et obéissant à des lois de fonctionnement et de développement propres, pourrait générer, à travers la crise paroxysmique de l'accumulation, des dérives telles qu'il serait apte à fabriquer non seulement des victimes de la casse sociale pour le bon fonctionnement de sa machine immorale, mais des activités illégitimes au regard même de ses propres lois, alimentant une sorte de néofascisme.

Pour démontrer que le cœur de la dérive mafieuse est bien l'activité capitalistique elle-même, écartons de notre discussion sa capacité de perversion suprême à travers la barbarie fasciste et nazie, tel que nous l'avons vu précédemment. Écartons aussi sa collusion avec les actes illégaux de la Mafia elle-même qui s'inscrivent dans des rapports hiérarchisés nous permettant de parler de Mafia-entreprise, de crime institutionnalisé, structuré, lesquels mêlent activités crapuleuses et légales, blanchiment d'argent et autres liens entre États et Entreprises capitalistes, au sens monopolistique du terme (actes illégaux qui, soit dit en passant, prospèrent sans être trop inquiétés, alors que les États-Unis et leurs alliés disposent d'un réseau d'écoute téléphonique et informatique qui leur permet de contrôler plus de 90 % des messages qui s'échangent à travers toute la planète). Écartons enfin le concept *de zones grises*, aux limites géographiques floues et mouvantes, que constituent les sous-produits pseudo temporaires d'un monde en pleine recomposition après l'effondrement du système soviétique.

Notre question doit donc porter plus directement sur les activités qui résultent de l'économie politique classique, permettant de découvrir ou non en leur sein des comportements que nous pourrions qualifier de mafieux. Pour ce faire, nous devons les analyser comme une forme endogène de l'accumulation du capital au sens où Marx peut le démontrer et non comme un exercice professionnel d'actions criminelles ou de biens et de services prohibés (drogue, prostitution, trafic d'organes, contre-façon…). Cette propension en situation de crise paroxysmique à aller vers un système mafieux signifierait alors qu'une logique poussée à son comble s'impose à l'ensemble de la société capitaliste, gangrenant peu à peu son économie « licite ».

Observons tout d'abord le comportement du réceptacle majeur de l'accumulation capitaliste qu'est le secteur bancaire, au premier rang duquel se trouvent les banques américaines : *Citygroup, Bank of America,* puis la banque britannique *HSBC* et plus loin encore, en quatorzième position, le groupe français *BNP Paribas,* largement devant les pétroliers comme *Total* ou l'assureur *Axa.* Toutes ces sociétés, fleurons du capitalisme mondialisé (mais aussi les plus incontrôlables), ont ouvert des milliers de comptes dans les paradis fiscaux, sans que les États spoliés, qui continuent de les laisser défiscaliser, ne remettent en cause leur inquiétante stratégie.

Parmi les masses monétaires virtuelles en circulation à travers le monde, une part considérable de cette « fausse monnaie », investie en actions et en obligations, se cache dans les paradis fiscaux selon des procédures que seuls les grands groupes bancaires sont en capacité de maîtriser. Ces outils complexes et mafieux de la finance mondiale sont partie intégrante des préceptes récurrents de la mondialisation financière.

Voyons à présent ce qu'il en est pour les autres secteurs d'activité. Qu'il s'agisse de l'agriculture, de l'agrobusiness, de la déforestation (liée à la filière bois, à la monoculture, aux agrocarburants ou à l'exploitation minière, sur lesquels nous reviendrons), du « tourisme » des déchets ménagers ou toxiques, de l'agro-industrie, de l'industrie minière et pétrolière, de l'industrie chimique, pharmaceutique, textile, électronique, informatique, de l'industrie des télécommunications et de l'armement, etc., tous, sans exception, sont affectés peu ou prou par la dérive mafieuse.

Chacun d'entre nous a à l'esprit une ou plusieurs affaires économico-politico-financières dans ces différents secteurs d'activité pour qu'il soit inutile d'en faire un inventaire fastidieux. Quelques exemples suffiront à en étayer le propos : Seveso, vache folle, amiante, désamiantage des navires militaires, sang contaminé, mise sur le marché de médicaments potentiellement dangereux, prothèses médicales et autres dispositifs médicaux défectueux, contamination par des déchets hautement toxiques de pays à faible potentiel de développement, non application généralisée des lois du travail, nouvel esclavagisme (en particulier à travers le travail illégal des enfants), surexploitation des travailleurs immigrés par le travail clandestin, délocalisation arbitraire d'activités de production dans des pays à bas coût social, augmentation sans précédent de la dérégulation du travail sous toutes ses formes, discrimination des femmes au travail, corruption généralisée des instances nationales et internationales du sport, légalisation du trafic industriel : cuivre, or, diamant, uranium, pétrole, gaz, sable, surpêche, déforestation, monoculture (huile de palme, OGM…), emprunts toxiques, etc., sans oublier la libéralisation monétaire et financière imposée par les programmes inconditionnels du FMI et de la Banque mondiale comme facilitateurs de la criminalisation et son internationalisation par ces deux instances dites légales.

Comme nous pouvons le constater, l'activité mafieuse imprègne le cœur même du système. Marx n'avait-il pas pronostiqué en son temps la constitution de « *petites Irlande* » créant leur propre monde à part dans chacune des grandes concentrations capitalistiques mondiales ? Voilà pourquoi l'accélération de la mondialisation des marchés, qui par définition n'a plus d'extériorité, fait que tout fait partie du tout. N'agissant pas selon la loi, mais selon ses propres intérêts, le capitalisme de la crise généralisée donne de plus en plus de force au profit et de plus en plus de forme à la loi. La question de la légitimité de la société capitaliste monopolistique en réseaux est donc posée aujourd'hui.

Ces activités de compensations mafieuses du capitalisme monopolistique pour garantir les profits en période de crise sont devenues les clés de voûte d'une sorte de système clandestin qui prend peu à peu le pas sur celui, plus officiel, de son apparente vitrine légale. Certes, les pragmatiques et les blasés pourront toujours prétendre que faute de pression morale, sociale ou politique, il ne sert à rien de porter à la connaissance des citoyens la mauvaise part du monde…

Mais, au grand désespoir du capital et de tous les attentistes, et quelles qu'en soient les raisons, l'altruisme tout comme la conscience de classe existent. Le large mouvement de contestation populaire en cours dans de nombreux pays du monde en est la preuve. C'est pourquoi notre combat *pour sortir du capitalisme* donne tout son sens à l'humanité et le contrepoids à la barbarie et au néofascisme ne peut être qu'une riposte coordonnée par les classes exploitées elles-mêmes à l'échelle nationale et internationale.

Taylorisme, fordisme, keynésianisme

Le point de départ de la division « scientifique » du travail que propose le ***taylorisme*** tient tout autant à la nécessité de la modification du procès de travail sous l'impulsion de l'évolution des techniques de production industrielles, qu'à l'augmentation de la productivité du travail pour accroître le profit. Aussitôt la nouvelle division « scientifique » du travail opérée, l'atelier devient le point d'orgue des nouvelles forces sociales qui s'affrontent dans l'entreprise, celle-ci n'existant que comme centre autonome et support « inerte » des rapports sociaux capitalistes. Dès lors, le taylorisme apparaît comme l'essence du capitalisme dans la production.

Concrètement, cette nouvelle forme d'organisation « scientifique » du travail (OST), du nom de son inventeur : l'ingénieur américain Frederick Winslow Taylor, consiste à obtenir des conditions de production propres à assurer le rendement maximum de l'ouvrier dans le cadre d'une organisation et d'un séquençage des tâches qui analysent de façon rigoureuse et détaillée ses gestes, rythmes, cadences, comportements du corps, etc. Dans le contexte des années 1880, où l'industrialisation est ressentie par le patronat comme étant quelque peu désordonnée, en particulier dans la sidérurgie montante, ces méthodes donnent, du point de vue du capital, des résultats momentanés fort appréciables. Dès le départ, ces tâches répétitives et aliénantes (que Chaplin tourne en dérision dans son film *Les Temps modernes*) posent des problèmes de santé au travail, d'attention extrême, d'atteinte psychique liée à la monotonie des tâches et d'absence de perspective d'évolution professionnelle qui vont engendrer la révolte des ouvriers. Cette nouvelle ruse du capital pour accroître la productivité, en aliénant toujours plus les travailleurs, va connaître une nouvelle sophistication à travers le ***fordisme***.

Henry Ford, fondateur de l'entreprise qui porte son nom, invente, en 1908, un nouveau modèle d'organisation du travail et de développement d'entreprise qui ajoute au taylorisme le principe du travail sur convoyeur et un compromis économique et social qui engendrent de forts gains de productivité très subtilement redistribués aux travailleurs concernés. Plus en détail, cela suppose : la division verticale du travail (séparation entre la conception et la réalisation) et horizontale (parcellisation des tâches), un travail à la chaîne sur des lignes de montage, une standardisation de pièces interchangeables permettant de produire en grande série, une augmentation relative du salaire ouvrier dans le but principal de lutter contre un taux de démission de plus en plus élevé compte tenu de la dureté des nouvelles conditions de travail. Les conséquences immédiates en sont : la hausse de la production et de la productivité, la baisse du coût de production par économie de main-d'œuvre et de surface, assorties d'une hausse de la consommation. Pour autant, cela ne compense pas la déqualification accrue des ouvriers, le travail monotone et répétitif de la standardisation de la production, ainsi que le contrôle renforcé de la direction sur le travail, et n'empêche donc pas de nouveaux combats sociaux.

Au-delà de l'aggravation des conditions du travail ouvrier, le modèle fordiste est central dans la montée en force de la superpuissance américaine au XXe siècle et joue un rôle non négligeable dans la mobilisation totale des industries de guerre pendant la Première et la Seconde Guerre mondiale. De même, il favorise, suite à la grande crise de 1929, la conjonction d'un système de production de masse et d'intervention étatique (investissement et planification), jusque dans l'après-guerre en Europe, notamment à travers le plan Marshall. Mais le modèle d'accumulation fordiste se déploie surtout dans le nouveau contexte de consommation, de boom démographique et de tentative d'intégration sociale des travailleurs au capital des années 1960. Sur ce plan, les conséquences du fordisme ne sont pas seulement à analyser du point de vue de la production, c'est la société tout entière qui s'en trouve modifiée. La puissance momentanée, mais effective, du marché mondial et la marchandisation de l'économie viennent réellement percuter l'ensemble de la vie sociale.

Pour répondre à la démotivation des travailleurs liée à l'application du taylorisme et aux velléités pré-participatives du fordisme, le relais est pris dans les années 1970 par le *post-taylorisme* ou le *post-fordisme* : rotation des postes, élargissement des tâches, mise en place de groupes semi-autonomes pour atteindre « librement » un niveau de production fixé par la direction, cercles de qualité réunissant les travailleurs afin d'améliorer le procès de production et la qualité des produits. Toutes ces mesures intégratives prétendent remettre en cause la division verticale du travail énoncée dans le taylorisme et le fordisme. Dans une seconde phase, d'autres stratégies de soumission et de collaboration de classe, venues en particulier du Japon, ont complété ces ruses collaborationnistes. Elles partent de l'idée que pour répondre au *nouveau défi industriel*, qui implique une forte différenciation de la production, il faut développer un certain degré de flexibilité et d'adaptation pour comprendre et fournir le produit livrable et attendu par un client de plus en plus exigeant. Cela rejoint l'émergence du concept de *capital humain* défini par l'économiste américain Gary Becker en 1964, selon lequel les aptitudes et les compétences accumulées par l'individu sont susceptibles de jouer un rôle dans le contexte d'un procès de production plus tertiarisé où la recherche et les sciences occupent une place cruciale. Le capital humain devient donc, par nécessité, une forme de capital que le capitaliste cherche par tous les moyens à s'approprier.

Le capitalisme, pris dans la tourmente de la grande crise industrielle et financière du début du XXIe siècle, sans remettre en cause la totalité du concept post-fordiste d'intégration et de participation des travailleurs au capital, a transformé quelque peu sa stratégie. Dès lors, il tente d'instaurer un esprit de totale subordination des travailleurs aux objectifs des cadres dirigeants de l'entreprise en s'appuyant sur les nouvelles méthodes de *management* américain qui s'apparentent au harcèlement moral, entraînant tout un cortège de suicides au travail. Quant au capitalisme cognitif, censé réinterroger le sens des enjeux d'un système contraint par la crise et le développement technologique à une bifurcation historique, il n'est qu'un avatar de plus dans la longue liste des ruses du capital pour tenter de différer ses crises systémiques. Ceux qui voudraient nous faire croire que désormais le capital fixe – c'est-à-dire celui qui détermine les différentiels de productivité – se trouve désormais exclusivement dans le cerveau des travailleurs, comme une sorte de machine-outil que chacun porterait en lui, ne font rien de plus que tenter de passer aux pertes et profits les millions et les millions de travailleurs rivés à leur chaîne de production dans des conditions parfois inhumaines, dignes du temps des canuts. Car, quoi qu'en disent ces philosophies alter-mondialistes prétendument inspirées par les théories marxiennes, l'essentiel du profit se trouve encore dans cette multitude de *petites mains* que résume si cruellement la récidive du récent drame social du Bangladesh, et dans les mains de tous les travailleurs exploités, du Cambodge, du tiers-monde ou d'ailleurs. Peu à peu, la paupérisation des masses imprègne les pays occidentaux qui, pour un temps seulement, sont encore développés. Faut-il croire, comme l'espère le capital, qu'à force de ruses, le vice en devienne progressivement vertu ? Ou bien devons-nous travailler à ce qu'elles se retournent contre lui en une véritable révolution sociale ?

Sur un plan plus économiste, le ***keynésianisme***, fondé par le britannique John Maynard Keynes, ambitionne de jouer un rôle de relance économique en ne laissant pas le marché exclusivement livré à lui-même et en infléchissant la demande par le salaire qui ne saurait être considéré seulement comme un coût. Alors que l'essence de l'économie capitaliste est dans la recherche du profit, la théorie keynésienne, en prônant la régulation, opte pour le capitalisme, mais un capitalisme « décent », « régulé », « éthique ». Contrairement à l'esprit du « capitalisme financier » de type anglo-saxon, qui explique la crise par un surcroît d'intervention étatique empêchant la restructuration des entreprises mal gérées, les keynésiens mettent en avant la nécessité d'une coopération internationale, le rééquilibrage entre l'État et le marché, le retour à l'industrie au détriment de la finance, l'obligation de transparence sur les produits financiers et les fonds spéculatifs, le changement du modèle économique des banques (séparation des banques de marché des banques commerciales...), le passage à un système multipolaire. De fait, ils se refusent à croire à l'autorégulation spontanée des marchés et proposent des mécanismes externes de gouvernance pour y remédier (ne venant pas forcément de l'État). Ce type de scénario a déjà été utilisé en France par François Mitterrand en 1981 sans intervention directe des travailleurs dans le procès de production, avec les effets que l'on sait : notamment le tournant de la rigueur dès 1984. Au cours des deux dernières décennies, le débat sur le keynésianisme s'est singulièrement rétréci. D'une sorte de perspective d'aménagement du capitalisme ou de convergence avec un socialisme à la sauce sociale-démocrate, on est passé à une simple critique à la marge du néolibéralisme. Tout comme le keynésianisme classique, le post ou le néo-keynésianisme, qui se positionnent en avocats de la re-réglementation après la crise de 2008, ne font qu'ouvrir un faux débat. Les néo-libéraux et les néo-keynésiens partagent en arrière-plan les objectifs capitalistiques qui déterminent *a priori* les limites dans lesquelles doivent s'exercer les aménagements du système. Parmi les adeptes du néo-keynésianisme, le Parti socialiste l'avouait sans ambages lors d'un de ses derniers congrès : « *Le capitalisme borne notre horizon historique* ». Quant au soi-disant courant de la *Gauche socialiste* du même parti, il se prononce dès 1998 pour « *l'économie sociale de marché* », c'est-à-dire la même formule qu'utilise la démocratie chrétienne pour « moraliser » le capitalisme. Aujourd'hui, les néo-keynésiens n'ont d'autres perspectives que de se lamenter à propos de l'épargne des ménages : « *Plutôt que de dépenser l'argent qui leur est attribué, ils vont épargner en prévision des périodes à venir, l'argent n'est donc pas réinvesti dans l'économie réelle, engendrant des pertes et détruisant un système qui ne veut qu'une consommation forte.* » Dans son ensemble, le keynésianisme, loin d'être une alternative au néolibéralisme, n'est qu'une ruse de plus pour aider le capital à surmonter ses contradictions, que nous savons par ailleurs être insurmontables.

Classe ouvrière et « classes moyennes »

Il est probable qu'introduire la notion de ruse du capital à propos de la classe ouvrière et des classes moyennes peut sembler incongru. De fait, cette réalité m'est apparue lorsque j'ai voulu rechercher sur Internet une information *a priori* banale : combien y a-t-il d'ouvriers actifs au niveau mondial ? Quand bien même vous tournez et retournez les mots clés dans tous les sens, ou vous consultez des sites en principe spécialisés pour fournir ce type d'information (OIT, BIT, OCDE, ONU, Médias, INSEE, CREDOC, UIMM, etc.), rien n'est directement exploitable sur le sujet, hormis peut-être quelques informations de caractère national ou très spécialisées. Par contre, si la recherche se porte sur les classes moyennes, alors, une profusion d'informations est immédiatement disponible. Certes, depuis le XIXe siècle, la ***classe ouvrière*** est désignée comme la « *classe dangereuse* », mais de là à penser que comme la lune, qui ne nous montre qu'un seul côté, l'ouvrier du XXIe siècle serait devenu la face cachée du capital, il y a un pas que je n'aurais vraisemblablement jamais franchi sans cette recherche sur Internet.

Usant à mon tour de ruse, j'ai pu synthétiser quelques informations partiellement exploitables. En partant de l'article de Chris Harman, « Les travailleurs du monde », publié en 1995, on peut noter que sur les 2,474 milliards environ de travailleurs actifs de par le monde, 379 millions se trouvaient dans l'industrie, 800 millions dans les services, 1,074 milliard dans l'agriculture et 221 millions sans secteur d'activité affecté.

Chris Harman (marxiste convaincu) conclut au mythe de la désindustrialisation et de la mobilité. Cependant, en 2012, si l'on en croit IDC (*International Data Conseil*), il y aurait environ 1,3 milliard de travailleurs mobiles dans le monde, représentant 37,2 % de la même population totale mondiale. Le nombre total de travailleurs approximatif au niveau mondial (chiffre apparemment tabou, lui aussi, puisque quasiment introuvable directement sur Internet) serait donc de 3,480 milliards. Si l'on prend la question par un autre biais : sachant que le travail domestique en 2012 est évalué à plus de 100 millions d'actifs – soit environ 7,5 % de l'emploi des femmes dans le monde – et que pour la même période, l'emploi féminin est évalué à 40 %, nous obtenons le chiffre de 3,5 milliards pour quantifier le nombre total de travailleurs au niveau mondial cette année-là. Par ailleurs, les données fournies par la Banque mondiale pour la période 2009-2013 estiment à 3,3 milliards la population active de 15 ans et plus en 2011, dont 856 millions pour la seule Chine. Tout ceci corrobore assez bien les sources d'information déjà trouvées.

Sans doute, des chercheurs, plus aguerris que moi en la matière, trouveront mes recoupements quelque peu empiriques. Mais raisonner de la sorte n'est pas inutile puisque le but est aussi de démontrer combien il est aisé pour un non spécialiste de trouver de l'information sur les classes moyennes au niveau mondial, alors qu'il est quasiment impossible d'en obtenir avec le même outil de recherche concernant les ouvriers. Cependant, à ce point du raisonnement, mis à part les données fournies par Chris Harman en 1995, nous ne savons toujours pas quelle est la population ouvrière mondiale actuelle. À force de biaiser, j'ai pu trouver sur Wikipédia un article intitulé « Économie mondiale ». Ainsi, nous y apprenons qu'en 2005, la population active était d'environ 3,001 milliards, dont 42 % dans l'agriculture, 21 % dans l'industrie et 37 % dans les services, soit une évolution en dix ans par rapport aux travaux d'Harman de : –5 % pour l'agriculture (on passe de 47 à 42 %), de +2 % pour les services (on passe de 35 à 37 %) et de +3 % pour l'industrie (on passe de 18 % à 21 %). Si l'on considère que la classe ouvrière, au sens de Marx, est principalement présente dans l'industrie, alors l'idée selon laquelle elle serait en perdition est non seulement une fausse idée, mais une idée faussement répandue. Si l'on ajoute à cela le travail des enfants au niveau mondial durant l'année 2005, soit 210 millions d'enfants travailleurs de 5 à 15 ans et 140 millions de 14 à 17 ans, plus 21 millions de travailleurs forcés, alors on retrouve approximativement l'essentiel des forces productives «cachées» du capital à un moment donné.

Ce dernier point étant relevé, comment expliquer l'évolution mondiale positive du nombre des travailleurs de l'industrie et son décalage par rapport aux pays développés où la tendance est plutôt à la baisse ? Car il n'est nullement question de nier les changements liés aux évolutions technologiques intervenus ces dernières décennies dans le procès de production (ce que confirment par ailleurs les données de *Trésor-éco-gouv.fr*, publiées en 2005, lesquelles soulignent une progression du travail qualifié de 10 % entre 1991 et 2005). Cela résulte, d'une part, de la progression relative de l'activité économique en général malgré la crise et de la délocalisation massive de la production industrielle de grande série dans les pays à bas coût de salaires dans lesquels la profitabilité du travail est la plus forte. Sur ce plan, les données de l'OIT montrent qu'entre 1992 et 2008, le salariat global a progressé de 20 %, puis a stagné depuis l'entrée en crise, alors qu'il avait augmenté de 80 % dans les pays émergents sur la même période. Et on retrouve des résultats plus marqués encore pour les emplois de l'industrie manufacturière, puisque la main-d'œuvre industrielle a augmenté de 120 % dans les pays « émergents » et baissé de 19 % dans les pays dits « avancés ». Une étude du FMI, qui calcule la force de travail dans les seuls secteurs exportateurs de chaque pays, parvient à estimer la force de travail mondialisée, c'est-à-dire celle qui est directement intégrée dans les chaînes de valeurs globales, à plus 190 % dans les pays « émergents » contre 46 % dans les pays « avancés ». La mondialisation conduit donc à une croissance relative de la classe ouvrière dans les pays « émergents », s'accompagnant d'une tendance à la salarisation de la force de travail. En effet, le taux de salarisation augmente de manière continue depuis une vingtaine d'années, passant de 33 à 42 %. La classe ouvrière mondiale, extraordinairement segmentée en raison des écarts considérables des salaires, a vu sa mobilité se limiter alors que les capitaux ont obtenu une liberté de circulation quasi totale, ce qui conduit à une concurrence accrue des travailleurs de tous les pays, bien qu'elle s'exerce préférentiellement dans les pays « émergents », ainsi qu'à la forte tendance à la baisse de la part des salaires dans le revenu mondial. Si nous ne pouvons nier la diminution du nombre des ouvriers dans les pays industrialisés (qui dominaient cependant en tant que classe pendant la période de l'après-guerre), observons en même temps qu'ils font l'objet de par le monde, et principalement dans les « pays émergents », d'une redistribution quantitative et qualitative qui nous fait dire que bien davantage qu'un déclin, nous assistons à une véritable recomposition et à un renforcement de la classe ouvrière mondiale.

Qu'en est-il alors des ***classes moyennes*** ? Nous pourrions répondre par une formule provocatrice mais fondée : les classes moyennes sont une fiction – car tout le monde s'y réfère et personne n'en donne la définition. Dire que le capital a tenté de faire de tous les travailleurs ayant un certain niveau de salaire (légèrement au-dessus du SMIC si l'on se réfère à la classification française) une large « classe apaisée » par la mobilité sociale et « l'ascenseur social », notamment à travers un État prétendument régulateur, une figure symbolique en quelque sorte ou une « anticlasse » (comme le dit si bien Lojkine), serait sans doute la moins mauvaise définition. Nous y voyons donc une approche idéologique majeure à travers le mythe d'une société d'abondance et d'une intégration consensuelle, censée promouvoir une « classe » consumériste en période de croissance capitaliste, plus docile ou plus malléable en situation de crise. Ceci n'explique pas pour autant comment les analystes et autres statisticiens ont réussi à répertorier les classes moyennes au niveau mondial, avec moult détails, tout en s'appuyant sur des représentations empiriques dignes de la « meilleure » sophistique.

Dans un article publié en 2012 par Mario Pezzeni, Directeur du Centre de développement de l'OCDE, on apprend, d'une part, que l'augmentation du revenu moyen et la diminution du niveau de pauvreté absolue au niveau mondial depuis ces dix dernières années sont au rendez-vous de la modernité et, d'autre part – tenez-vous bien –, que « *(...) la population mondiale n'est ni riche ni pauvre par rapport aux normes nationales, mais se situe dans le milieu de l'échelle des revenus.* » Quand on connaît l'état de dénuement dans lequel se trouvent plusieurs milliards d'individus de par le monde, il fallait oser écrire cela.

L'article se poursuit ainsi : « *En 2009, la classe moyenne comptait environ 1,8 milliard d'individus, l'Europe (664 millions), l'Asie (525 millions) et l'Amérique du Nord (338 millions) représentant le nombre de personnes le plus important appartenant à ce groupe. Même en Afrique, où l'essor des classes moyennes est resté limité, leur progression est cependant sensible et a contribué à une hausse de la consommation intérieure dans de nombreux pays. Les ventes de réfrigérateurs, de télévisions, de téléphones portables, de deux-roues et d'automobiles ont explosé dans pratiquement tous les pays d'Afrique ces dernières années. Par exemple, au Ghana, le nombre de propriétaires d'automobiles et de motos a progressé de 81 % depuis 2006. Cet essor se poursuit : la classe moyenne mondiale passera de 1,8 milliard de personnes en 2009 à 3,2 milliards en 2020, et à 4,9 milliards en 2030. Cette progression sera tirée par l'Asie, qui représentera, en 2030, 66 % de la classe moyenne mondiale et 59 % de la consommation des classes moyennes, contre 28 % et 23 % respectivement en 2009 (...). La "classe moyenne émergente" des pays en développement joue un rôle économique et social déterminant, puisqu'elle représente un moteur de croissance, surtout dans les pays les plus grands comme la Chine ou l'Inde, mais aussi en Afrique subsaharienne. Les classes moyennes ont toujours accumulé du capital, qu'il soit physique (usines, équipements ou logements) ou humain (éducation ou santé). En faisant de cette nouvelle catégorie de population à revenu intermédiaire une classe moyenne stable, on jettera des bases solides pour le progrès économique en stimulant la consommation et la demande intérieure.* » Voilà qui est dit.

D'autres protagonistes ont une approche similaire. Dans une interview à propos de son récent ouvrage, *Les Classes moyennes,* Jean-François Fiorina note lui aussi une montée en puissance des classes moyennes dans les pays émergents, tout en reconnaissant « *des différences inhérentes à des configurations culturelles et sociales pour le moins dissemblables.* » Cela ne l'empêche pas de les définir comme suit : « *Si l'on se représente la population mondiale comme une pyramide avec les plus pauvres en bas et les plus riches en haut, et en se fiant aux données conjuguées de l'OCDE et de Mc Kinsey, on obtient en 2010 la répartition suivante. À la base, on trouve 4,5 milliards de personnes vivant avec moins de 10 $ par jour. Ensuite, environ 2 milliards de personnes disposant d'un revenu s'échelonnant entre 10 et 100 $ par jour. Enfin, au sommet de la pyramide, se situe 0,5 milliard de personnes avec un revenu quotidien supérieur à 100 $. La montée en puissance des classes moyennes (...) a donc un impact en termes économiques, sociaux et politiques. Les experts travaillant pour la Banque mondiale ou l'OCDE aiment d'ailleurs rappeler cette phrase d'Aristote selon lequel lorsque la classe moyenne est importante, il y a moins de risques de discordes et de divisions.* » Il cite également l'économiste Homi Kharas dans ses travaux pour l'OCDE, lequel souligne que « *la fourchette définissant les classes moyennes s'établit entre 10 et 100 $ de pouvoir d'achat par personne et par jour. Considérant 145 pays, représentant 98 % de la population mondiale et 99 % du PIB, il estime qu'en 2009, 1,8 milliard de gens relèvent de cette "classe moyenne mondiale", qui devrait croître à 3,2 milliards en 2020 et 4,9 en 2030. 95 % de cette croissance viendrait d'Asie. (...) si l'on en reste aux chiffres de 2009, on s'aperçoit que la moitié de cette "classe moyenne mondiale" relève des économies émergentes à forte croissance. Dans les projections faites à l'horizon 2030, les États-Unis voient le poids de leurs classes moyennes rester constant, mais l'Europe décliner à partir de 2020.* » Et de poursuivre : « *Il existe une kyrielle de définitions de la classe moyenne ou des classes moyennes. Mais prendre la voiture comme seuil d'accès à cette définition a le mérite de la simplicité et de la logique. En effet, souvenons-nous que c'est avec la Ford T que l'Amérique découvre sa* middle class *et propose au monde son fameux* American way of life. *La floraison de l'industrie automobile en Europe après-guerre inaugure la phase des Trente Glorieuses. Chaque foyer aspire à avoir sa deux chevaux ou sa quatre chevaux. Ce qui a une incidence directe* *sur le réseau de transports, l'aménagement urbain ou l'immobilier. D'ailleurs, très vite, d'objet de luxe, l'automobile devient un outil indispensable, sans lequel on ne peut travailler. Si l'on connaît le nombre de voitures d'un pays et qu'on le multiplie par le nombre moyen d'individus par ménage, on obtient une photographie approximative mais assez juste de la classe moyenne (...) En prenant les analyses de l'OCDE et les projections de l'ONU, on peut raisonnablement estimer que la "classe moyenne globale" représentait en 2009 environ 27% de la population mondiale.* » Dans cette même interview, Fiorina fait état d'un rapport de la Banque mondiale qui, en compilant les données de 33 pays, a permis aux *experts* (mot magique s'il en est) de fixer le seuil de pauvreté à 1$ par jour et par personne en 1990, réévalué en 2008 à 1,25 $, alors que le cabinet Mc Kinsey se base lui sur un revenu disponible au-dessus de 10 $. Comme nous pouvons le voir, toutes ces approches pour cerner les frontières des classes moyennes sont pour le moins très variées, pour ne pas dire particulièrement fantaisistes.

Pour aller vers plus de sérieux, posons-nous la question en termes de conscience de classe, car il n'y a pas de classe sans conscience de classe, comme le soulignait Marx. Et si l'on peut démontrer en quoi les intérêts des classes moyennes, telles que les définit le capital, peuvent être divergents, alors, preuve sera faite que celles-ci n'existent pas. D'autre part, posons-nous également la question en termes de qualification et de classification, car à la base, ce sont bien des notions à partir desquelles on peut ou pas rattacher les travailleurs à des catégories sociales qui peuvent les distinguer de la classe ouvrière, tout en les associant au procès direct ou indirect de production. Nous devons éclaircir la question en faisant en sorte de démasquer la ruse et le flou entretenus par le capital pour démobiliser la classe ouvrière et les autres classes productives ou potentiellement productives. Car si l'on suit à nouveau Marx, la société bourgeoise, celle dans laquelle se développe le rapport capitaliste, est par principe une société de classe dans laquelle les propriétaires des moyens de production décident de la destination du travail de tous ceux qui n'ont que leur force de travail à vendre. Mais ce rapport pourtant certain des intérêts de classe n'est pas toujours perçu clairement par les premiers concernés, d'où l'intérêt pour le capital de maintenir ce brouillamini autour de la caractérisation des « classes moyennes ».

Le concept de « classes moyennes » cache en réalité le fossé bien réel qui se creuse chaque jour un peu plus entre les fractions productives intellectuelles ou manuelles et une fraction très minoritaire de cadres supérieurs, privés ou publics, proches ou assimilables aux cadres dirigeants qui bénéficient directement ou indirectement des retombées du capital (stock-options, actions, dividendes, primes d'intéressement, parachutes dorés, etc.) et dont les intérêts de classe divergent de ceux qui n'ont que leur salaire pour vivre. À savoir, ces travailleurs intellectuels ou manuels (enseignants, chercheurs, ingénieurs, agents de maîtrise, techniciens, employés...), que l'on nomme à tort classe moyenne, très souvent déclassifiés par un patronat ou un État qui ne respectent pratiquement plus leurs qualifications ni leurs diplômes, tout en accroissant (pour certains) leur flexibilité et leur précarité et qui ont, de fait, des intérêts de classe qui les rapprochent de plus en plus de la classe ouvrière sans en avoir pleinement conscience.

Voilà pourquoi, par une nouvelle nécessité des ruses de l'histoire, les classes moyennes sont nées dans l'esprit des classes dominantes et pourquoi, en acceptant ce mythe, on contribue à anesthésier la conscience de classe déjà fragilisée par d'autres ruses du capital, tout aussi subtiles, telles que nous les avons décrites précédemment et allons encore les débusquer plus loin.

Crédit, endettement et financiarisation

Du point de vue historique, il semble plus intéressant d'analyser **le crédit** par rapport aux religions, plutôt que d'investiguer sur la civilisation babylonienne dans laquelle règne un libéralisme économique accompagné de nombreuses techniques commerciales : dépôts rémunérés, prêts à intérêts, qui conduiront Hammourabi, 1793-1750 avant J.-C., à en codifier l'usage vers la fin de son règne. Ou d'aller voir chez les Phéniciens (commerçants invétérés), les Grecs (qui y sont plutôt favorables hormis quelques penseurs, comme Platon et Aristote, lesquels soutiennent que le débiteur n'est pas tenu de payer les intérêts), voire du côté des Romains (qui y viendront progressivement). Si l'on part de la Bible, dont l'interdit par rapport au prêt est relativement laconique, en passant par le judaïsme, le christianisme et l'islamisme, nous pourrions dire, en inversant la fameuse expression de Clouscard : « *Rien n'est permis, mais tout est possible* ». Car quand bien même le droit canon, le Talmud ou le Coran s'y opposent, tout sera fait, surtout à partir du protestantisme, pour ruser avec les préceptes religieux afin d'accompagner les sociétés marchandes et le capitalisme naissant. La ruse la plus redoutable viendra de Calvin, qui émettra l'idée que le prêt n'est pas contraire à la loi divine car il favorise la production et le travail. Quant à la religion hindoue, pour elle, la vie n'est qu'une dette redevable aux dieux. En araméen, le mot « dette » signifie aussi « culpabilité ». Pour les religions, la morale est de rembourser ses dettes, mais avec le pardon, ceci est remis en cause.

Selon Marx, en se substituant à la monnaie métallique pour la plupart des transactions, le crédit accélère la circulation de l'instrument des échanges, réduit les frais en circulation et « égalise » les taux de profits à la base de la production capitaliste. Il accélère aussi les différentes phases de la transformation des marchandises et du capital en même temps que la reproduction en général. Il permet aussi une réduction du fonds de réserve se traduisant par une diminution de la partie du capital qui doit exister continuellement sous forme d'argent. Par ailleurs, la création de sociétés par actions pousse également à l'extension de la production des entreprises capitalistes, alors que primitivement, seuls les États pouvaient s'en charger, et donc à transformer du capital social en capital privé. Ce stade sera également le point de départ de la transformation de la fonction sociale productive en appropriation individuelle du capital, fonction qui jusque-là était dévolue aux seuls producteurs associés. Notons enfin que comme le profit se présente exclusivement sous forme d'intérêt dans les sociétés par actions, les entreprises qui en font l'objet restent possibles même lorsqu'elles rapportent simplement l'intérêt des capitaux qui y sont engagés ; ce qui est une des raisons qui s'opposent à la baisse du taux général du profit. En effet, ces entreprises ne contribuent pas nécessairement à la formation du taux général cause de l'énorme disproportion qui s'y rencontre entre le capital constant et le capital variable.

Depuis lors, en accompagnant le développement de l'activité productive, le crédit n'a cessé de croître. Aujourd'hui, le capitalisme s'écroulerait si la masse des crédits venait à se contracter brutalement et durablement. Ceci explique pourquoi les États ont immédiatement versé des milliards de dollars et d'euros en 2008-2009 pour sauver le système de crédit. Mais bien avant d'atteindre le stade actuel, les échanges marchands et l'accumulation du capital ne pouvaient déjà plus se contenter de l'usage de la seule monnaie métallique, dont les coûts de fabrication élevés et la mise en circulation lente et risquée faisaient obstacle à son développement. Rappelons, pour faire court, que les quatre effets principaux du crédit (l'accélération de la rotation du capital, l'aide à la concentration du capital, la facilitation de la mobilité des capitaux et l'égalisation des taux de profit) contribuent puissamment à stimuler les échanges et à accélérer l'accumulation du capital.

La rotation du capital, qui est le temps pour que ce dernier parcoure son cycle de valorisation, est dopée par le crédit par le simple fait que celui-ci permet le rachat des conditions de la production avant que le cycle précédent ne soit terminé. Quant à la concentration, compte tenu du développement de l'accumulation, le crédit permet de mobiliser des masses d'argent de plus en plus grandes, lesquelles sont indispensables à l'achat de moyens de production de plus en plus complexes et puissants. Le crédit a donc pour but de concentrer le capital en remplacement de la propriété personnelle et familiale par des sociétés par actions. Et si ce dernier facilite aussi la mobilité sous forme financière des capitaux, qui peuvent ainsi se déplacer rapidement d'une branche de la production à l'autre ou d'un pays à un autre, l'égalisation des taux de profit qu'il permet pousse à l'extension de l'aire de la valorisation des capitaux et à leur augmentation, évitant des profits trop bas dans certaines branches de la production avec des risques de pénurie de matériaux nécessaires aux autres secteurs.

Pour que le développement de l'ensemble de la production se poursuive, l'accroissement continu du crédit est indispensable, mais ne saurait empêcher toutes les contradictions inhérentes au système lui-même, en particulier le phénomène de suraccumulation et de sous- consommation que nous avons précédemment évoqué. Ces mécanismes ont permis de produire en masse des marchandises de plus en plus diverses, voire d'abaisser leur valeur unitaire. Ce rôle spécifique du crédit est négligé par les « experts », trop centrés sur l'accroissement des crédits à la consommation, pour lesquels ils feignent de croire que l'épargne contribue à leur repli. Comme si l'épargne, qui se présentait sous la forme d'un titre quelconque (action, obligation, voire un simple livret A), n'était pas un titre de créance, une avance d'argent contre espoir ou promesse de rémunération. C'est-à-dire du capital financier anciennement nommé titre de crédit. Ou comme si la crise n'était qu'une crise de débouchés essentiellement liée à une dérive non maîtrisée des crédits à la consommation (carte bancaire, crédits « revolving » et notamment immobiliers, à travers les fameux « *subprimes* »). Comme si l'on pouvait séparer la sous-consommation de la suraccumulation du capital gonflée artificiellement par le crédit sous forme de moyens de production de marchandises. Ou bien encore, comme si l'on pouvait nier la nécessité qui s'est imposée aux États, via le capital, de doper par le crédit facile et abondant l'ensemble des phases du procès de valorisation. Voilà pourquoi ils cherchent tous à relancer l'économie par la relance du crédit ; ce qui revient à reproduire et relancer les soi-disant exagérations de la finance qu'ils condamnaient précédemment. Ne faisant plus recette dans la « croissance » de la production, compte tenu des surcapacités productives à grande échelle engendrées par la crise, le capital se grippe, tout en accroissant le capital financier, puisqu'il ne peut s'en sortir ni par l'augmentation des salaires, ni par l'augmentation du crédit.

La ruse du crédit a donc atteint sa limite. Le capitalisme ne peut plus se développer qu'au détriment des conditions d'existence de la majorité des populations. Le marché mondial est incapable d'absorber la masse considérable de marchandises que les moyens modernes de production sont en capacité de produire. Non pas que les besoins à satisfaire sont atteints. Bien au contraire, la plus grande partie de l'humanité vit dans la misère et le plus grand dénuement. C'est tout simplement que l'offre dépasse la demande à une échelle massive. Pendant des décennies, les capitalistes, leurs banques et leurs gouvernements ont cherché à repousser les perspectives des crises structurelles par le crédit, de sorte que la masse de capitaux en circulation devienne plus importante que les richesses réellement produites. Comme nous venons de le voir, le crédit peut, certes, augmenter la demande, mais le problème, c'est qu'il augmente aussi les capacités productives et donc l'accumulation et la surproduction qui constituent la contradiction fondamentale du système capitaliste. Facteur de croissance au départ, le crédit, c'est-à-dire ***l'endettement***, devient à terme une des causes de sa contraction, telle que nous le montre la crise actuelle. Crise de « surcapacité », doublée d'une baisse cyclique du taux de profit, elle touche alors tous les continents, y compris le soi-disant miracle économique des pays comme la Chine, l'Inde, le Brésil, la Turquie, etc.

Cependant, poursuivant malgré tout sa dérive malsaine, le capital tente de camoufler sa crise de suraccumulation en crise de la dette publique en augmentant le crédit aux entreprises via les Bourses et autres institutions financières et paradis fiscaux, ou à travers les aides consenties directement par les États (subventions, réduction de « charges », financement étatisé de la formation et de la recherche ou de la reproduction de main-d'œuvre, prime à l'emploi, réduction d'impôts, etc.). Mais toutes ces aides aux entreprises, qui pèsent sur les budgets des États, outre le fait qu'elles réduisent considérablement l'ensemble des prestations sociales, ne font qu'endetter toujours plus les États, eux-mêmes financés par le crédit des banques privées, qui pourtant contribuent à la crise systémique. Ainsi va l'éternelle fuite en avant du capital financier. Pour ne prendre qu'un seul exemple à la veille de la crise dite des *subprimes*, le total de la dette publique américaine représentait 350 % de la richesse produite. Un système de production, qui ne se reproduit qu'en accroissant sans cesse une masse aussi énorme d'endettement et de crédit, ne peut que s'écrouler à terme comme un château de cartes. Comme l'a très bien résumé l'économiste

Tom Thomas dans son livre *La Crise. Laquelle ? Et après ?* publié en 2009 : « *En effet, la masse de plus-value produite n'augmente évidemment pas en proportion et il arrive qu'elle ne peut plus permettre de verser la rémunération attendue (dividendes ou intérêts) par tous les capitaux que prétendent être masse de titres de créance (actions, obligations, et autres titres multiples produits dérivés). En même temps, la masse salariale s'effritait sous l'effet des augmentations de la productivité, de la mondialisation, du démantèlement des " acquis sociaux " du rapport de production fordiste et finissait par rendre nombre de consommateurs incapables de rembourser leurs crédits. Comme souvent, c'est à partir d'un problème de consommation, c'est-à-dire de réalisation de la production que la crise apparaît. Ce fut bien le cas avec la crise dite des "surprimes". Mais ce n'était que la mèche qui a mis le feu aux poudres. En effet, puisque le système s'est écroulé de tous les côtés, c'est bien que la suraccumulation était partout : en moyens de production, en marchandises, en capital-argent, etc. Ce qui apparaît concrètement aujourd'hui – mais c'était bien évidemment depuis longtemps – c'est que le crédit, comme l'argent en général, ne crée rien. Il dope, il stimule, il accélère la valorisation et l'accumulation du capital. Mais la même contradiction suraccumulation – sous-consommation qui pousse à l'abaissement du taux de profit reste à l'œuvre et s'aggrave (…)* »

Mais pour en revenir au surendettement public, qui apparaît comme le mal absolu, il est en fait une aubaine pour la financiarisation, sur laquelle nous reviendrons. En réalité, le creusement de la dette publique est en résonance avec la nécessité pour le capital d'alimenter le processus de financiarisation de l'économie mondiale. Cette dette émise par un débiteur « fiable » – l'État – convient parfaitement aux marchés financiers. Les titres publics sont des actifs parfaitement négociables dans les titres proposés par les banques aux épargnants ; de même qu'ils sont privilégiés par les banques centrales comme contrepartie au refinancement des banques. On comprend mieux à quel point médias et gouvernants nous prennent pour des idiots lorsqu'ils tentent de culpabiliser les peuples sur le niveau d'endettement de tel ou tel pays, comme s'il s'agissait d'une pathologie honteuse, alors que la Mecque du capitalisme – les États-Unis –, qui est présentée comme le modèle à suivre, fait bondir son endettement et ses déficits publics, quand bien même elle est en situation de quasi-faillite. Pour maintenir la demande lorsque la récession menace, le capital cherche par tous les moyens à pousser les dépenses des ménages vers le haut, avec de moins en moins d'épargne et de plus en de dettes car à revenu constant, la baisse du taux d'épargne accroît la consommation sans avoir à passer par le « cauchemar » du capital : la hausse des salaires réels. Mais à chaque recul de l'activité s'en suit un bond en avant du taux d'endettement, qui n'est qu'un palier d'attente pour grimper plus haut encore lors d'une nouvelle récession. Dans cette fuite en avant, il n'y a pas de marche arrière, on ne peut que monter par paliers successifs, jusqu'à l'effondrement.

Pour en revenir à la ***financiarisation***, la vraie question à se poser est celle-ci : crise de la finance ou crise du capitalisme ? Ce qui revient à analyser les rapports entre finance et économie réelle et leur responsabilité respective dans la crise. Pour cela, on peut partir d'un trait essentiel du capitalisme du début des années 1980 : le rétablissement du taux de profit n'a pas conduit à augmenter significativement le taux d'accumulation. Ce qui signifie que les profits supplémentaires ont été utilisés à autre chose qu'à l'investissement productif. Une partie de la valeur produite a donc été captée par les profits bancaires et les dividendes. On pourrait parler d'une finance parasite, dont les exigences de rentabilité n'auraient fait que croître. Ce qui pousse certains économistes à dire qu'une « mauvaise financiarisation » empêche « un bon capitalisme » de fonctionner, et qu'en bons pragmatiques raisonnables, le meilleur horizon alternatif reviendrait à se limiter à réguler le capitalisme. Cette approche, vous l'aurez compris, n'est qu'une ruse de plus. En fait, par ce biais, on cherche à passer d'une économie d'endettement, où le crédit bancaire assure le financement des entreprises, à une activité financiarisée où les entreprises développent leurs propres activités financières. Ce qui revient à séparer artificiellement le rôle de la finance et celui du conflit entre capital et travail pour le partage de la valeur ajoutée. Car ce n'est pas la montée de la finance qui fait baisser les salaires, mais la montée des profits non investis, faute de débouchés suffisants, qui nourrit la finance. La part des salaires baissant et l'investissement stagnant, qui va acheter une production qui continue malgré tout à croître ? La ruse toute trouvée repose sur le recyclage des profits non investis, qui s'effectue à travers la redistribution opérée par la finance. La financiarisation n'est pas un facteur autonome de la crise économique, elle n'est que la contrepartie de la baisse de la part salariale et des investissements insuffisamment rentables pour le capital, afin d'accroître ou de maintenir son taux de profit. Non seulement l'économie mondialisée accentue ce mécanisme, mais le déséquilibre en est renforcé par le déficit abyssal des États-Unis financé par le reste du monde. La ruse fonctionne d'autant mieux que le capital financier ignore les frontières géographiques ou sectorielles. En se donnant les moyens de passer rapidement d'une économie à l'autre, d'un secteur à l'autre, il élargit considérablement ces mouvements de capitaux. Tous ces mécanismes que nous venons de décrire : crédit, surendettement et financiarisation, remettent en cause, à l'échelle planétaire de la sphère marchande et productive, le concept d'économie nationale et rendent obsolètes les particularismes nationaux de l'économie capitaliste.

L'ethnicisation

Depuis le débat, qui sent un peu le soufre, autour du *Choc des civilisations* d'Huntington, publié en 1994, quoi de neuf sur le front de la ruse ethnique ? Nous pourrions répondre sans conteste : le 11 Septembre 2001. Mais est-ce suffisant ? Sans doute l'implosion du système soviétique, au début des années 1990, donna à penser au capital que sur ses décombres et ceux de la lutte des classes et du marxisme, qu'ils croyaient condamnés, pourraient se déployer sans entrave non seulement la logique de l'individualité libérale-libertaire, mais aussi un retour à l'origine ethnique comme mot d'ordre d'une sorte de postmodernité globalisée. Car ce n'est pas d'aujourd'hui que date l'affrontement ethnique et racial. Hormis l'Holocauste et l'esclavagisme, dont nous avons déjà parlé, la mort de Mandela est là pour nous rappeler cet ignoble épisode de l'apartheid, comme un cruel paroxysme de la ruse identitaire et raciale. Mais face à la crise économique et sociale qui s'annonçait, et en « l'absence d'ennemis irréductibles », puiser dans le vieux fantasme de la différence identitaire et culturelle est apparu au capital dominant comme l'ultime solution.

Pour en revenir à la première question, nous citerons Abed El Jabri qui, ayant tenté de renvoyer dos à dos Marx et Huntington, leur reprochant « *une vision unidimensionnelle qui ne tient compte que d'un seul facteur au détriment des autres* », en l'occurrence la lutte des classes pour le premier et le choc des civilisations pour le second, n'a trouvé meilleure conclusion que celle-ci : « *Il est indéniable que ces comparaisons montrent clairement que le concept de "choc des civilisations" cache une vérité socio-historique qui revêt un caractère mondial qu'elle n'a pas atteint auparavant. Ce qui menace la stabilité et la paix dans le monde aujourd'hui est le choc des intérêts qui est proche en quelque sorte d'un conflit de classes au niveau mondial.* » En fait, cela n'est autre que la reconnaissance implicite de la thèse de Marx qu'il prétendait fustiger. D'ailleurs, comment Abed El Jabri peut-il dire que la lutte des classes, qui est selon Marx la vraie réalité sociale historique (succinctement exprimée par le fameux « *Prolétaires du monde entier, unissez vous* »), empêcherait de reconnaître certaines différences nationales, culturelles, religieuses ou certains particularismes régionaux ? La définition d'une contradiction principale n'implique pas la négation de contradictions plus secondaires. Quant à F. Fukuyama, adepte « de la fin de l'histoire », qui n'est qu'une dénégation des intérêts de classe et une apologie triomphaliste du système capitaliste, il n'a d'autre but que d'entretenir la fausse controverse. Car comment peut-on dire que l'histoire se termine alors que la vie des hommes connaît toujours la même contradiction et que les causes de la lutte des classes sont toujours là, plus que jamais intactes ?

Ce qu'il faut interroger, ce n'est pas l'identité majoritaire par rapport aux identités minoritaires, comme si l'apparition brutale dans l'espace public de minorités « ethnoculturelles et raciales » provoquait la mise en péril d'une civilisation occidentale « blanche » et chrétienne, mais la nécessité pour le capital de construire un nouvel ennemi comme lien social national et international. Par ailleurs, nous savons bien que tous ces idéologues sont en contact avec les milieux d'affaires et qu'il leur est connu que tous ces braves prolétaires d'origine étrangère, qu'ils accusent de mettre en péril la civilisation, sont indispensables à l'économie capitaliste en crise. Tout cela n'est que ruse et pourrait bien une fois de plus tourner au tragique. Si elle autorise provisoirement le capitalisme à lâcher les freins, la fin du monde bipolaire, qui n'est qu'une apparence, aura à terme des conséquences doubles.

Donc, rien de nouveau à l'horizon. Car ce combat prétendument ethnique porte en fait sur la définition de la frontière qui sépare deux camps aux intérêts diamétralement opposés : les prolétaires (noirs, blancs, jaunes ou rouges) et la bourgeoisie oligarque, détentrice du capital. Voilà pourquoi le projet néolibéral a intérêt à construire une pseudo frontière qui s'appuie sur d'autres paradigmes que le strict affrontement de classes, telles la culture, la religion, l'ethnie, la civilisation, etc. L'ethnicisation au plan idéologique et politique est donc à la fois un résultat et un moyen de la gestion des rapports de forces sociaux dans une phase de crise généralisée du système capitaliste. Nous sommes bien là face à une frontière héritée de l'esclavagisme et du concept colonial, qui ne fait que reproduire les rapports de classe inégalitaires. C'est dans ce contexte historique précis que nous devons comprendre l'épisode français du « foulard à l'école », quand bien même nous avons des choses à faire avancer sur l'égalité homme/femme ou sur la question de l'aliénation religieuse en général. L'ethnicisation n'est pas seulement le fait d'une minorité politique consciente, idéologiquement capable de produire une islamophobie ouverte (je veux parler des partis nationalistes en général et du FN en particulier pour la France), mais d'une question ouverte par les forces du capital au niveau mondial et dont le résultat du triste épisode des tours du World Trade Center est là comme pour attester de la crédibilité de leur thèse ; ce qui rend cet épisode d'autant plus suspect. Qu'est-ce qui se tient réellement derrière tout cela ? Car on ne voit pas poindre de nouvelles figures mystiques ou une théologie novatrice. Mais seulement des agitateurs organisés et des attentats anonymes assortis d'une phraséologie stéréotypée qui rattache ces islamistes radicaux à des groupuscules fascistes, que l'on doit tenir pour particulièrement nuisibles et pour lesquels aucune espèce de complaisance ne saurait être tolérée. C'est parce que tout cela contribue à alimenter cette hostilité envers ces « Musulmans » ou ces Africains (véritables boucs émissaires de l'Europe et d'ailleurs et qui ne seraient pas, du point de vue de la « civilisation », exactement comme l'Occidental bien pensant, donc non intégrables et de surcroît haïssant) que la question de l'instrumentalisation par le capital de ces minorités islamiques radicales ou migratoires se pose.

La stratégie vient de loin et le mal est profond. Aujourd'hui encore, alors que les récentes « révoltes arabes » amorcent timidement la marginalisation des groupes islamiques radicaux, le discours de « la menace islamique » continue d'infiltrer les sociétés et les mentalités occidentales et déstabilise les minorités musulmanes, entraînant non seulement un repli communautaire, mais un climat islamophobe qui fait le lit des droites extrêmes. Au fil du temps, le terrorisme est devenu un concept attrape-tout permettant aux États, en particulier états-uniens, de justifier leur politique de répression et d'appuyer la thèse de l'ethnicisation de la société. Après la « disparition du péril communiste » et de « l'empire du mal », la triade impérialiste privée de l'adversaire qui justifiait sa raison d'être, en s'appuyant et en instrumentalisant les activités de groupes islamiques radicaux hétérogènes et disparates, a construit, notamment depuis le 11 Septembre, un nouvel ennemi stratégique. Face à l'instrumentalisation ethnique du pseudo terrorisme, la pensée critique devient de plus en plus faible, en particulier lorsqu'il s'agit de s'opposer aux guerres impérialistes : Yougoslavie, Irak, Afghanistan, Libye, Syrie, etc., toutes justifiées par la défense des minorités, de la démocratie ou des femmes, alors qu'il s'agit d'asseoir la suprématie du capital et d'assurer son approvisionnement énergétique. Cette nouvelle croisade contre un ennemi insaisissable permet donc au capital de criminaliser toute contestation politique, économique ou sociale de l'ordre établi, afin de normaliser l'état d'exception et le néofascisme.

Accaparement des terres, enjeux énergétiques et environnementaux

Depuis la période du prétendu « choc pétrolier », vers la fin des années 1970, le renforcement des politiques néolibérales pilotées par plusieurs organisations internationales (Banque mondiale, FMI et OMC) a eu pour conséquence l'élargissement de la libéralisation des marchés, notamment agricoles. Le meilleur qualificatif pour caractériser ces actes crapuleux et hypocrites, censés résoudre les problèmes de pauvreté dans le monde, n'est autre que « *Main basse sur les terres agricoles* ». Des millions d'hectares de terres arables ont été ainsi confisqués aux populations les plus pauvres dans le seul but de permettre au capital (déjà en manque de débouchés suffisamment juteux) de très hauts niveaux de profits. Pour ne donner qu'un seul exemple, selon Gandur, milliardaire suisse, le projet éthanol de 2013 en Sierra Leone (pays dévasté par les guerres et la malnutrition) permettrait au groupe Brot für de tirer 53 millions de dollars US de bénéfice annuel, soit 98 % de la valeur ajoutée, alors que les 2 000 ouvriers employés pour cette opération par cette même firme n'obtiendraient que 2 % (soit moins d'un dollar par jour et par personne) et les propriétaires des 10 000 hectares de terres fertiles et bien arrosées, 0,2 % seulement. N'allez surtout pas croire qu'il s'agit là uniquement d'actes isolés sans foi ni loi. Tous ces projets, comme l'explique lui-même le triste Gandur, sont conformes aux normes sociales et environnementales mises au point par la Banque africaine de développement, la Société financière internationale de la Banque mondiale et l'Union européenne. Dès 2009, le milliardaire en question a revendu ses intérêts pétroliers et s'est intéressé aux terres agricoles africaines. C'est dire l'énorme pactole que peut rapporter le soi-disant carburant écologique aux magnats de la finance et de l'industrie. Selon un rapport du CIRAD et de l'*International Land Coalition*, publié en 2011, le chiffre de 203 millions d'hectares d'achat ou de location de terres arables à retenir, qui implique des acteurs nationaux, inclut certaines transactions minières, touristiques et agroforestières. Cela équivaut à confisquer plus de 4 % de la surface agricole mondiale –ce qui est considérable – aux populations les plus vulnérables, en particulier les femmes africaines, asiatiques et sud-américaines qui en étaient les principales cultivatrices.

Si la raison première de ces politiques criminelles est essentiellement d'ordre financier et spéculatif, d'autres motivations, selon *l'association Peuples Solidaires et ActionAid*, interviennent. Parmi les plus importantes, nous citerons : le haut niveau de valeur ajoutée de la production d'agrocarburant ; la croissance de la population et de l'urbanisation dans certains pays, combinée à l'épuisement de leurs ressources naturelles, afin de garantir la sécurité alimentaire de leurs ressortissants, l'inquiétude grandissante de quelques pays riches à l'égard de leurs réserves d'eau douce qui les pousse à s'accaparer cette ressource disponible dans certains pays pauvres ; une demande accrue de matières premières brutes spécifiques aux pays tropicaux – notamment les fibres et autres produits dérivés du bois ; l'illusion de bénéfices en termes de croissance des États rétrocessifs de terres arables. Quant aux impacts négatifs, outre la paupérisation et la spoliation des populations locales concernées, nous noterons : le recul de l'agriculture paysanne et familiale accompagné d'un fort exode rural ; le mépris des droits d'usage coutumiers de la terre (notamment celui des femmes et des populations indigènes), l'augmentation du prix de l'accès à la terre et des différentes installations pour les agriculteurs régionaux et nationaux, la dégradation de la sécurité alimentaire pour des pays hôtes déjà confrontés aux disettes et aux famines, la dégradation de l'environnement (déforestation, destruction des écosystèmes) ; la surexploitation des ressources en eau ; la pollution par l'utilisation intensive d'engrais chimiques et pesticides, résultant essentiellement de la monoculture. Alors que plus d'un milliard de personnes souffrent de la faim, dont les ¾ sont des paysans, comment expliquer que les entreprises privées et les États puissent s'accaparer des terres agricoles sans quasiment aucune contrepartie financière et sociale, si ce n'est à répéter que cela n'existe que parce que ces politiques sont voulues et pilotées au niveau du capital mondial ? Pour donner une idée générale de ce que nous pourrions qualifier de pays cibles les plus convoités par la location ou l'achat de terres arables depuis les années 2000, qui se situent essentiellement en Asie, en Afrique et en Amérique du sud, citons par ordre d'importance : les Philippines, Madagascar, l'Éthiopie, la République démocratique du Congo, l'Indonésie, le Brésil, le Soudan, la Tanzanie, le Mozambique… Quant aux pays « investisseurs », citons dans l'ordre décroissant : la Chine, les USA, la Grande-Bretagne, la Malaisie, la Corée du Sud, l'Arabie Saoudite, l'Inde, la Suède, l'Afrique du Sud, Singapour, le Qatar, la Norvège… La ruse de ces politiques accapareuses de libre-échange, prônées depuis les années 1970, a permis l'émergence d'une sphère financière globalisée, qui a su imposer la privatisation à grande échelle des activités des petits paysans pauvres et de pans entiers du secteur public. Ainsi, grâce à la complicité des gouvernants et des autres structures étatiques, des accords de dérégulation internationaux inéquitables, au prétexte de libre concurrence, ont pu être signés.

Si nous déplaçons le problème sur le terrain des ***enjeux énergétiques, miniers et environnementaux***, les mêmes stratégies accapareuses du libre-échange sont à l'œuvre et les conséquences pour les populations tout aussi, voire plus désastreuses. Premièrement, toutes les explorations et exploitations des ressources naturelles, qu'elles soient minières, pétrolières ou gazières, sont des sources potentielles de dégradation environnementale. Deuxièmement, celles-ci détruisent non seulement la faune et la flore, mais engendrent, surtout dans les pays à faible niveau de développement, troubles sociaux, guerres civiles ou donnent prétexte, au nom de soi-disant périls éthnonationaux, à des interventions militaires du capital, vassalisant les États concernés, tout en paupérisant plus encore leurs populations.

En Europe, en Amérique du Nord, en Australie, au Japon, en Inde, au Brésil, et plus récemment en Chine, un mode de production intensif s'est imposé, qui ne dévore pas seulement les producteurs, mais engloutit aussi des quantités colossales de combustible et de minerai. Avec le doublement de l'espérance de vie et le sextuplement de la population mondiale au cours des XIXe et XXe siècles, ce productivisme profiteur n'a fait que croître à un rythme effréné. Pour assouvir son besoin de profit, le capitalisme a recouru à des matières abondantes mais non renouvelables – charbon, pétrole, gaz – et, à moindre échelle, aux installations hydroélectriques, nucléaires, éoliennes, etc. Catalyseur de la course économique, l'exploitation de ces ressources a contribué au développement d'une industrie elle-même mondialisée, modelée par les intérêts conjoints d'un capital épaulé par les États. La cupidité de la rente y côtoie le marché. La politique favorise les stratégies de puissance aux dépens de l'intérêt des peuples. Et, dans l'ombre de ses cathédrales industrielles, le spectre de la guerre emboîte le pas aux grands stratèges de la politique de la terre brûlée.

Depuis l'implosion du camp soviétique en 1990, un nouveau grand jeu de dupes déploie son échiquier et ses pions en forme de ruse pour le « droit » aux creusements, forages et autres déploiements d'immenses pipelines à travers mers et continents. Les exploitants des ressources énergétiques et minières, enchevêtrées autour d'immenses intérêts commerciaux et politiques, dont les principaux protagonistes sont les États-Unis, la Russie, l'Union européenne, le Japon et la Chine, tirent les ficelles d'un énorme enjeu géostratégique. La guerre froide a mué en guerre « des trous et des tubes » et s'étend présentement à l'ensemble du continent eura-siatique, africain, extrême-oriental et panaméricain. Après moult manipulations et mensonges, les sordides coups de griffes (qui ne sont que des coups militaires) parviennent de moins en moins à se déguiser en gants de velours ou en morale compassionnelle hypocrite du prétendu sauvetage des peuples, pris en otages par d'affreux despotes afin d'installer la « démocratie. Le butin d'aujourd'hui se nomme sécurité énergétique, profit et métamorphose financière.

La plupart des voix qui questionnent l'avenir pour un développement économique plus économe en énergie et plus favorable à l'environnement peinent à dénoncer le cœur du système capitaliste à l'origine de ces dégradations. Ne s'appuyant pas sur les forces sociales capables de faire évoluer la situation, leurs propositions, qui se cantonnent le plus souvent à des discours d'anti-chambres ou d'organes de la pseudo démocratie parlementaire, ne sont que des paroles creuses pour chambres d'enregistrement entre les mains des lobbyistes industriels. Plutôt que d'orienter leur action contre le capital, ils s'enferment dans des débats stériles pour savoir quel est le vrai mobile des climato-sceptiques qui rejettent en bloc le réchauffement climatique. Ils font du bien réel problème environnemental une sorte de panoplie avant-gardiste et absolue pour la sauvegarde de la planète, au détriment de la lutte des peuples en souffrance, comme s'il était possible de sortir du modèle de production capitaliste sans sortir du modèle du capitalisme producteur.

Lorsque l'on découvre, comme nous tentons de le faire ici, le vrai visage du monde dans lequel nous vivons, alors il est impératif de combattre en toute première instance ce capitalisme finissant. Tant que ces élus, censés défendre l'humanité et les générations futures, proposeront comme seul changement de société l'affranchissement du modèle énergétique actuel ou nous donneront à croire que tout temps perdu à changer de stratégie énergétique ne profite qu'aux pétroliers, sans proposer dans un même mouvement le contrôle par tous les peuples de l'ensemble de la production et des moyens d'échange, nous serons en droit de nous interroger sur la vraie nature des changements politiques et économiques qui les animent. Car la vraie question, que Marx appelait « la paupérisation », ne commence pas avec l'engloutissement colossal des énergies fossiles et autres minerais rares ou la dégradation bien réelle de l'environnement, mais avec l'aggravation de la crise du système qui marginalise des populations entières, en particulier paysannes, des sociétés du Sud, où se jouent en grande partie ses enjeux énergétiques et miniers géostratégiques. L'avenir de l'humanité, étroitement lié, certes, à l'avenir de la planète, ne peut être séparé de la nécessité de sortir au plus vite du capitalisme en crise.

L'enjeu parabole

Cette nouvelle ruse du capital a déjà fait l'objet d'une analyse dans le chapitre V de *Pour sortir du capitalisme,* alors pourquoi y revenir ici ? Essentiellement pour deux raisons : d'une part, tout comme l'idéologie du désir, l'enjeu parabole est, parmi les ruses du capital, une des plus redoutables et, paradoxalement, des plus délaissées de la critique politique révolutionnaire ; d'autre part, et pour ces mêmes raisons, j'ai entrepris d'approfondir la question afin de dégager de nouvelles pistes de réflexion. Si nous voulions en synthétiser le précepte en peu de mots, nous pourrions dire que le capital, à l'instar du placebo, cherche à mobiliser dans l'individu à travers l'enjeu parabole une pensée primitive archaïque, privilégiant la toute-puissance de l'image comme bon objet symbolique capable de neutraliser le mauvais objet : la dure réalité de sa condition humaine. Reste que pour en comprendre tous les mécanismes, une lecture plus fine est nécessaire. Ainsi, pour ne prendre qu'un exemple, dans sa phase néolibérale, le capitalisme doit s'entremêler de plus en plus avec nos existences et donc investir plus encore une partie du psychisme de chaque individu afin de le plier à son *ethos* productiviste et consumériste. Pris par le carcan de sa vitale expansion, il a besoin d'élargir sa base d'accumulation par l'exploitation du travail d'autrui – ce que David Harvey nomme *«l'accumulation par dépossession»* : privatisation d'entreprises publiques, restitution au privé de droits collectifs, comme le droit à la retraite, à la santé, à l'éducation, etc., alors que certaines luttes sociales et économiques de notre temps comportent parfois une critique de l'expansionnisme. D'où la nécessité pour lui d'élargir le champ de l'aliénation objective par l'aliénation psychique individualiste, avancée comme une sorte de contournement de la question essentielle de l'exploitation de l'homme par l'homme. Transformer le monde du quotidien endommagé par l'expansion capitaliste par une sorte de psycho-capitalisme qui s'empare non seulement de la gestion des corps mais de tous les comportements humains, c'est-à-dire du contrôle de la dynamique expansive du capital au profit d'une interprétation différente de l'idée selon laquelle l'humanisation de l'homme devrait tendre vers l'enrichissement collectif.

Pour cela, le capital a besoin, en plus des supports technologiques en capacité de diffuser ses préceptes symboliques (publicité, films, téléréalité...), d'un pouvoir médiatique soumis dans son fonctionnement à l'autonomie de la logique qui est la sienne et qui est distincte des logiques de reproduction des autres pouvoirs. Samir Amin, dans un texte inédit, publié en février 2012, fait le parallèle entre l'aristocratie foncière rangée derrière son Roi à la veille de 1789, le pouvoir politique aristocratique/monarchique de l'Ancien Régime soutenu par un clergé légitimé par le développement d'une rhétorique casuistique appropriée, et la « ploutocratie » financière au poste de commandes du capitalisme d'aujourd'hui soutenu par ce qu'il nomme le « *clergé médiatique* ». Mais, tout en reconnaissant le volume et l'intensité des informations auxquelles l'homme moderne a accès, il relativise qu'elles puissent transformer véritablement l'individu et la société. La question qui reste posée est comment s'articule ce pouvoir médiatique avec les autres pouvoirs dans la mesure où « *ce qui est en construction, ce n'est pas comme on dit vulgairement "une économie de marché", mais bel et bien une "société de marché"*. Autrement dit, « *Dans ce cadre, les médias – tout comme le politique – voient les espaces de leur autonomie relative rognés. Sans devenir nécessairement des instruments "aux ordres", ils se trouvent invités (et contraints) à remplir des fonctions utiles et nécessaires pour assurer le succès du déploiement du pouvoir suprême des monopoles généralisés.* »

De mon point de vue, l'enjeu parabole aujourd'hui fait système. Parce qu'il génère une collectivité réelle de désirs similaires et formatés, il correspond parfaitement à la nécessité de la production capitaliste contemporaine. La ruse de l'enjeu parabole, comme incitation à travers l'image de la consommation – pour l'essentiel non accessible à la majorité des peuples – n'a rien à voir avec la satisfaction des besoins réels. Créée à l'échelle mondiale comme une sorte de massification des désirs à assouvir (même en rêve), elle est sans précédent dans l'histoire humaine. Alors que l'aristocratie et la bourgeoisie s'appuyaient quasi-exclusivement sur des préceptes religieux contingents pour « endormir les peuples », l'enjeu parabole s'appuie sur le sentiment de pseudo liberté que procure un désir espéré ou réalisé de consommation. Ainsi, l'aliénation des consciences, en structurant l'individu jusque dans ses désirs les plus intimes, devient paradoxalement et par-devers lui son nouveau « modèle de liberté ».

Ce mécanisme inhérent à la conscience est révélé par des objets temporels industriels (téléphone portable, iPad, tablette, téléviseur, etc.) dont la parabole devient, par extension, le support qui en concrétise l'enjeu. Grâce à elle, tout le monde regarde les mêmes choses, apprend à désirer dans l'attente ; pire encore, à percevoir les mêmes facettes cupides et imbéciles du monde moderne, c'est-à-dire à devenir identique tout en croyant se singulariser grâce à tel ou tel produit (lorsqu'une marque de T-shirt vante la vie sportive, comme si elle était l'apanage d'une « élite », elle va générer une masse d'attentes symboliques identiques chez une partie de la population). Privés de différenciation par la norme capitaliste, ceux qui ne peuvent résister deviennent de plus en plus narcissiques, ou font l'expérience de leur échec s'ils ne peuvent acquérir l'objet convoité, perdant peu à peu leur propre estime. Alors que dans l'analyse marxienne, le prolétaire est celui qui est dépossédé de sa force de travail par le propriétaire des moyens de production, dans ce nouveau monde de double aliénation (le corps et la conscience), sa puissance agissante est comme spoliée par l'imaginaire de la consommation. Ainsi, le travailleur « consommateur », amputé peu à peu de son identité de classe, est invité à devenir l'objet de ses propres désirs. Le prolétaire devenant enfin le segment du marché du désir, voilà le rêve fou du capital. Si l'image de la société capitaliste qui nous est vantée par *l'enjeu parabole* prenait réellement corps, la lutte des classes en serait alors quelque peu affaiblie. Or aucune autre époque n'a déployé autant d'efforts de mise à disposition, par un simple clic de souris, une simple manœuvre de télécommande ou un ordre de téléchargement, des préceptes de l'idéologie capitaliste consumériste dominante à l'échelle mondiale. Le pouvoir de diffusion des idées du capital s'est démultiplié pour atteindre des sommets, jusqu'à transformer sa raison d'être. Le torrent d'images qui nous submerge déverse à longueur de journée ses « news poubelles » de propagande et de publicité dans notre espace personnel. L'esprit du capital y règne en maître et la masse des naïfs qui croit être « informée » est en réalité « conformée ». Mais cette puissance sans limites apparentes a cependant son revers. Car, pas plus que la qualité des œuvres émotionnelles à la source de l'art et de la nature ne se laisse plier par le culte de l'émotion marchande, la concrétude des inégalités ne se laissera surprendre par ces obstacles et ces ruses, qui ne sont que déplacement physique des sensations simples du partage et de l'émerveillement au cœur même de notre humanitude. C'est pourquoi il est permis d'espérer que les classes laborieuses, toujours supposées dangereuses à travers leur expression collective, même travaillées par l'esprit « mercantile », n'accepteront pas de devenir sans réagir, en plus de leur subordination provisoire à la privatisation du procès de travail, leur propre *capital humain*.

La nouvelle gouvernance mondiale

Comme nous venons de le voir, face à l'approfondissement de la crise, le capitalisme a dû conquérir les esprits autant que les corps et rechercher à travers son discours et ses actes une sorte de *métamorphose individualiste et marchande* des peuples. Nouveaux outils technologiques de propagande, médias, sondeurs, patronat, banques, gouvernements, partis conservateurs et sociaux-démocrates, etc., participent, chacun à leur manière, à ce fallacieux travail de conditionnement. Faire entrer le marché dans les têtes tout en démantelant les lois de protection sociale et en cassant les solidarités collectives par la mise en concurrence des travailleurs : chômage massif, délocalisation de la production et des emplois, etc., voilà quelles sont les politiques préalables à la mise en place d'une nouvelle gouvernance mondiale. Car le capitalisme sait pertinemment que le système tel qu'il est conduit tout droit dans une impasse.

Face à cette inextricable contradiction, il ne lui reste plus qu'à tenter d'élargir plus encore ses possibilités d'accumulation. Voilà pourquoi, après ce long et patient travail d'incubation du modèle mondialisé, qui ne fait qu'aggraver les facteurs congénitaux à l'origine de la crise, il tente de transformer le stade actuel et de dépasser les courroies de transmission type FMI, Banque mondiale, OMC, etc., pour aller vers une instance politique mieux coordonnée. La seule classe d'experts et d'organismes à ses ordres, détachés de tout ancrage national, ne lui suffit plus. Pour conduire une « bonne économie » globalisée, il faut un « bon gouvernement » mondialisé. Parmi les commis du capital ou conseillers du Prince, il en est un qui œuvre « vertueusement » à l'émergence de cette « gouvernance mondiale ». Je veux parler de Jacques Attali. Chez lui, comme pour le capital, le vice tient dans la ruse car sa crainte vient, nous dit-il, « *des déséquilibres et d'un chômage de masse, d'une troisième guerre mondiale, d'un chaos généralisé à la surface du globe, à moins qu'une gouvernance internationale ne se mette en place.* » Tiens donc !

Ce concept idéologique et politique de l'immédiat après-guerre froide, qui tend vers une unipolarité incarnée par les États-Unis, témoigne de la fragilité du capitalisme actuel. Certains y voient la mainmise d'élites conspirationnistes, notamment de la finance et de la franc-maçonnerie, qui agiraient en sous main pour l'avènement *d'un nouvel ordre mondial*, comme si le système en tant que tel n'était pas en capacité d'assurer le pilotage d'une de ses meilleures ruses, peut-être même la dernière de son histoire. D'autres insistent sur la nécessité de refuser tout régime totalitaire et proposent de se battre bec et ongles pour que cette nouvelle instance politique soit un haut lieu de démocratie. La ficelle est grosse : à qui fera-t-on croire que c'est le risque totalitaire qui les oblige à valider ce système en gestation et à agir en conséquence pour en faire une « vraie démocratie » ? Question démocratie capitaliste, nous avons déjà donné. Quant au totalitarisme, il est dans l'essence même du capital. Soyons sérieux. Si les jalons sont déjà posés, cela signifie que le capitalisme a besoin de cette nouvelle instance politique et qu'il fera en sorte de garder la main par tous les moyens pour mener à bien son sale projet.

Pour étayer notre propos, rappelons que non seulement des organismes supranationaux sont déjà prêts à tenir les cordons de la bourse et à préparer techniquement la mise en place d'une monnaie unique planétaire (d'autant que la suprématie du dollar comme monnaie de réserve ne rencontre pratiquement plus d'opposition aujourd'hui), mais que des grands pôles politico-économiques comme l'Union européenne, l'Union des nations sud-américaines, la communauté économique eurasiatique, la Ligue arabe, la communauté économique des États de l'Afrique de l'Ouest, constituent déjà la base architecturale de cette future structure. Le G20 aidant, tout cela ne serait donc qu'une question de temps... D'autres indices témoignent de l'accélération de la ruse, particulièrement le grand marché transatlantique en préparation.

Par ailleurs, si nous voulons mieux comprendre qui sont les véritables acteurs de la stratégie géopolitique d'une nouvelle gouvernance mondiale en gestation, il faut s'intéresser au nerf de la guerre : l'argent. En effet, outre des mécènes industriels et financiers, le secteur bancaire en général est de connivence avec les gouvernants qui se prétendent les instigateurs des tractations en cours à l'échelle internationale – parfois négociées dans le secret au sein de l'OCDE par deux des tristes valets du capital, les *sieurs* Lamy et Azevêdo. Depuis l'aggravation de la crise, les évènements s'accélèrent, et il semble bien que la décennie 2010 soit décisive : le mondialisme, en tant que doctrine, pourrait bien alors devenir, selon les vœux de ses « élites » patentées, une sorte de ruse pressée.

Partant de là, se pose à nous une question politique : comment le capitalisme a-t-il pu en quelques décennies sortir de la contestation générale de son état à la doctrine dominante et envahissante du monde d'aujourd'hui ? Car la dernière ruse que nous venons de découvrir, accompagnée de tout le cadre idéologique promotionnel permanent de sa légitimité lui permettant d'apparaître progressivement comme une condition naturelle et normale de l'homme, n'aurait pu suffire, si concomitamment les forces révolutionnaires censées combattre le capitalisme n'avaient pas faibli. Certes, on peut toujours espérer que, mécaniquement, les contradictions du capital s'aggravant, les masses populaires qui en subissent les conséquences finiront par se retourner contre lui. Mais pourquoi attendre pour combattre cette nouvelle ruse du capital et les précédentes qui ne sont qu'artifices douloureux puisque nous en percevons présentement l'urgence ? Bien au contraire, nous devons clamer haut et fort que le capital, loin d'être une fatalité que nous aurions à subir, est vulnérable. Après que nos aînés en aient ébranlé le socle, il nous revient de rassembler les bases collectives les plus larges, pour construire ensemble la nouvelle société d'émancipation humaine.

Les conséquences

Avant de tirer les conséquences sur la cruauté et les limites des ruses alternatives du capital, une première remarque s'impose : un système qui n'a à offrir à l'ensemble des peuples que crises et crapuleries qui leur apportent souffrance, misère et régression, est un système qui a perdu toute légitimité historique. Six ans après le nouvel effondrement économique et social de 2008, qui par bien des aspects traduit un déclin global, les perspectives pour les plus démunis d'avoir ou de retrouver un emploi, de se loger, de pouvoir se soigner, ou de survivre, sont si minces qu'ils n'ont d'autres choix que de se battre s'ils veulent s'en sortir. D'ailleurs, ces privations inacceptables sont devenues un véritable phénomène de masse et l'effondrement du niveau de vie des générations à venir se pose aussi en termes globaux.

Alors que le matraquage idéologique du capital n'a jamais été aussi fort, curieux paradoxe, le terme « capitalisme » devient tabou chez ceux-là mêmes qui en font profession. Sans doute s'agit-il là d'une nouvelle mystification puisqu'il n'est question pour eux que de *libéralisme et d'économie de marché*. Or nous avons pu démontrer que le capitalisme ne produit pas pour le marché mais pour le profit et lorsque ce dernier n'est pas au rendez-vous, c'est vers les États et les peuples que la bourgeoisie oligarque tend la main. Quant à la libre circulation des biens et des services entre les pays laissant faire le marché (le fameux libre-échange prôné par Adam Smith), susceptible de procurer à tous un revenu ou des moyens de subsistance abondants ou, pour mieux dire, de les mettre en mesure de se les procurer par eux-mêmes, il n'en reste qu'une idéologie non assumée. Le mythe de la main invisible qui régule le marché n'est là que pour servir les intérêts des privilégiés contre l'ensemble des populations. Partout de par le monde, de Rabat à Bogota en passant par Bangkok, cette main invisible apporte les mêmes errements.

J'écris justement ces lignes à Bangkok, le 10 décembre de l'an bouddhiste 2556 (2013), au moment même où deux clans de la bourgeoisie oligarque et corrompue s'affrontent par « *bon peuple* » ou « *petit peuple* » interposés pour se maintenir ou accéder au pouvoir par la force, si nécessaire. Le coup d'État militaire en Thaïlande fait partie d'une panoplie de ruses que je n'ai pas encore eu le « loisir » de commenter. Alors que ce pays a besoin d'investir pour renforcer ses infrastructures et son système de scolarisation, primaire, secondaire, supérieur, et son secteur hospitalier, non accessibles encore aux classes prolétaires, des milliards ont été (et sont encore) dilapidés dans l'immobilier commercial et privé. Des centaines de bâtiments vides ou non achevés depuis la crise de 1997 témoignent, avec leurs immenses grues encore en place au cœur et à la périphérie des villes, des risques auxquels s'expose l'euphorie de la main invisible et de l'ampleur du gâchis que peut générer le capital lorsque l'État n'est qu'un pion entre les mains des institutions financières largement ouvertes aux capitaux spéculatifs, conformément aux orientations du Fonds monétaire international.

Jusqu'alors, la chronicité des crises n'avait pas empêché le capital national et transnational de les circonscrire et de les surmonter peu ou prou, faisant appel, si nécessaire, aux guerres et aux régimes autoritaires sanguinaires, de Mussolini, Hitler, Franco, Pinochet et consorts, sans que les contre tendances prolétariennes, hormis les révolutions russes, chinoises et cubaines, ne parviennent réellement à s'interposer. D'autant que l'internationale sociale-démocrate n'a pas ménagé sa peine pour « réconcilier » les salariés avec le capital, ou pour vanter les vertus de l'économie libérale, sans réussir à tempérer par ailleurs les économistes bourgeois dans leur demande accrue de dérégulation et de soumission de l'État au capital. Mais tout cela ne suffit plus. Pour en rester à l'histoire récente du capitalisme, la mondialisation, dans sa 3e phase historique, a aggravé ses contradictions. En contribuant à mettre en place des rapports de précarité entre les salariés, l'entreprise et la société, tout en élargissant son aire de valorisation et d'accumulation du capital, elle n'a fait qu'accroître la contre tendance à la baisse du taux de profit. Certains s'évertuent à nous faire croire qu'il s'agit d'un simple dérèglement financier dû à un trop grand laxisme des États « libéraux », aux paradis fiscaux, à quelques financiers véreux et avides de bonus et autres stock-options ou parachutes dorés. Et qu'il serait possible d'y mettre bon ordre si les États avaient la volonté de renforcer réglementation et contrôle. Ou bien que nous serions si haineux contre le capital, que tout ce que l'on en dit ne peut être que manichéen ? Si tel est le cas, alors, cela voudrait dire que la barbarie et la guerre, l'exploitation des travailleurs, la spéculation, le surendettement, le formatage des populations, l'accaparement des terres, le pillage des ressources naturelles, la dégradation de l'environnement, l'aliénation des peuples qui obscurcit la validité de l'analyse marxienne, seraient utiles à l'homme ? Non ! Ces ruses et ces faux-semblants ne sont là que pour perfuser le capital et tenter de préserver son avenir. Il est donc temps de passer aux choses sérieuses, aux vraies solutions du possible qui s'attaquent au cœur même des raisons de la crise.

L'hypothèse de la fin du capital

Ce que les autres ont déjà dit

Malgré l'impasse dans laquelle le capitalisme a entraîné la société, peut-on dire que ce dernier s'effondrera de lui-même, ou implosera, comme cela fut le cas pour le système soviétique ? Force est de constater que jusqu'à présent, grâce à ses différentes ruses, il a pu différer toutes les crises, aussi profondes soient-elles. Mais est-ce si sûr qu'il pourra différer celle qui est en cours, ou la prochaine, plus grave encore que la précédente ? Nous pourrions aussi considérer, compte tenu de leurs conséquences sur les travailleurs, que tout a une limite et que les populations ne puissent tolérer indéfiniment le népotisme généralisé, une baisse incessante de leur niveau de vie et de leurs conditions de travail, et que tôt ou tard – comme cela vient de se produire dans certains pays arabes –, l'« équilibre » économique, politique et social, sur lequel repose la classe dirigeante corrompue, rompe. Cependant, à bien observer la situation politique mondiale, malgré ces concrètes velléités et le déclin objectif du système, la conscience réformiste et la passivité relative d'une majorité d'individus lui assurent encore une certaine base sociale. Pour que les choses changent vraiment, il faudrait donc, non seulement que le capitalisme perde sa viabilité historique aux yeux des masses, mais que la classe exploitée pèse en conscience contre lui. De ce point de vue, l'histoire nous apprend que rien n'est jamais perdu et qu'il n'est pas exclu, compte tenu de la dégradation continue des conditions de vie et de production, que cette classe puisse à nouveau chercher réellement à comprendre son fonctionnement et à lutter résolument pour y mettre fin. Mais comme nous pouvons l'observer, hormis quelques puissantes révoltes, tout ceci n'est pour l'heure que simples hypothèses, pour ne pas dire simples spéculations.

Avant de donner notre opinion sur le sujet, allons voir du côté de ceux qui ont déjà échafaudé des théories plaidant en faveur de la fin probable du capital. Marx, qui observait la baisse tendancielle du taux de profit comme une contradiction majeure de la pérennisation du capitalisme, ne pensait certainement pas que celle-ci le conduirait à mourir de sa belle mort. Même Rosa Luxemburg, dans son œuvre majeure *L'Accumulation du capital*, n'oppose pas l'écroulement inévitable du capitalisme et sa encore longue capacité de nuisance. En fait, aucun des deux ne prévoyait la fin du capitalisme sans une intervention victorieuse et nécessaire d'une « révolution prolétarienne ». À cet égard, seul Lénine, tout en s'opposant aux thèses de Rosa Luxemburg, voyait dans l'impérialisme le stade ultime du capitalisme. C'est lui qui met à l'ordre du jour une lecture globale de l'impérialisme compris comme un rapport spécifique entre nations de la forme capitaliste de la société. On sait l'onde de choc révolutionnaire qui se déclencha dans le monde à partir de 1917. Faut-il rappeler que le capitalisme présente une configuration particulière ? Il est structure et système : système nation et système monde, autant que structure de classes. Système comme domination globale centre/périphérie, avec aujourd'hui la nouvelle composante de sa forme « moderne » en tant que *capitalisme de société*. Ce n'est pourtant qu'à partir des années 60 que l'idée est avancée (anticipée par Fernand Braudel) selon laquelle l'impérialisme n'est pas seulement le « *stade suprême du capitalisme, mais qu'il lui est congénital* ».

Pour d'autres raisons, les sociaux-démocrates, notamment représentés par Kaustsky, avançant la thèse théorique d'une plus-value endogène, s'évertuaient à trouver une raison scientifique à son expansionnisme limitateur, alors que l'économiste marxiste, Henryk Grosmmann, pensait que le capitalisme arriverait à sa fin de manière strictement économique : « *(...) malgré les interruptions et les affaiblissements périodiques de la tendance à l'écroulement, le mécanisme d'ensemble se rapproche toujours plus nécessairement de sa fin, avec les progrès de l'accumulation du capital (...) alors la tendance à l'écroulement prend le dessus, sa validité est devenue absolue et s'impose comme "crise ultime"* ». D'autres, comme Bauer, croyaient que l'accumulation servait uniquement à l'élargissement de la production rendue nécessaire par l'accroissement démographique, et que le capitalisme n'avait d'autres fonctions que de pourvoir l'humanité en moyens de subsistance, mais, à cause du manque de planification et d'un élargissement démographique mal assumé, ce dernier finirait nécessairement en catastrophes. Quant au réformiste Schumpeter, il avance l'idée, en 1942, que la croissance des inégalités et l'émergence d'une classe intermédiaire frustrée de profiter insuffisamment du système étaient susceptibles d'entraîner sa perte. Ces théories réformistes de la catastrophe économique ne sont rien d'autre que ruses idéologiques et spéculations intellectuelles qui reconnaissent le caractère intenable du capitalisme, mais veulent une économie plus régulée et plus redistributive, bref, un capitalisme « aménagé ».

Aujourd'hui, la plupart de ceux qui se lamentent sur la dérive probable du capitalisme en crise plaident en faveur d'un nouveau capitalisme qui ne peut être, selon eux, que le fruit de négociations et de compromis. Pour ces *tourne-en-rond*, il est illusoire de croire en une abolition complète de la propriété privée et la « fin » du capitalisme n'est possible qu'à travers une pseudo régénérescence plus redistributive. Dans leur esprit, il convient d'inventer le dépassement d'un capitalisme en déclin sur des bases plus durables et plus pacifiques faisant en sorte que le système ne soit pas qu'une amplification exponentielle des inégalités, d'où leur fameuse redistribution plus équitable « des richesses ». En somme, on prend les mêmes et on recommence. Or comme l'a si bien dit Samir Amin : « *Restaurer le système tel qu'il était conduira à une crise plus grave encore.* »

Notre but n'étant pas de rentrer dans le détail des différentes théories de l'écroulement ou de l'effondrement du capitalisme, mais simplement d'en donner à comprendre les axes essentiels, revenons à Marx. Si pour lui le développement de la société humaine – et donc aussi le développement économique du capitalisme – est déterminé par une nécessité comparable à une loi de la nature, dans le même temps, les œuvres des hommes y jouent leur rôle, et chacun détermine ses actes en conscience et suivant une intention – même s'il n'agit pas avec une conscience de l'ensemble social. Grâce à cette analyse, nous voyons bien la contradiction majeure de la conception bourgeoise : ou bien ce qui se passe dépend du libre arbitre humain, ou bien, si le mouvement est régi par des lois inébranlables, celles-ci agissent mécaniquement comme une contrainte « extra-humaine ». Or pour Marx, toute nécessité sociale se réalise par l'intermédiaire des hommes. Cela signifie que le penser, le vouloir et l'agir des hommes – bien qu'ils apparaissent comme libre arbitre à la conscience du sujet – sont totalement déterminés par les influences du monde environnant et ce n'est qu'au travers de l'ensemble des actions humaines, déterminées principalement par les forces sociales, que des lois s'imposent dans le développement de la société. Cela signifie aussi que ce sont avant tout ces forces sociales qui déterminent le développement des sociétés et qu'on ne peut les réduire à des forces purement économiques.

Pas plus que son avenir, la légalité capitaliste ne réside dans l'action de la concurrence qui « équilibre » les prix et les profits, concentre les capitaux, rétrécit la production dans les périodes de crise (avec leur cortège de fermetures d'usines, de licenciements, d'ouvriers en révolte et de lutte des travailleurs). L'action en tant que totalité des hommes, aspirant à ce que se réalisent des lois sociales conformes à leurs intérêts de classe, joue et agit elle aussi à la manière d'une véritable loi naturelle. Or la pensée bourgeoise, tout comme les théories sociales-démocrates, est incapable d'imaginer cette dialectique du « matérialisme » historique qui pèse sur le devenir du capital autant qu'elle aiguise les nécessités révolutionnaires.

Les données tirées de l'état du monde

Les nouvelles du monde sont-elles bonnes ? Si l'on en croit le panel d'informations que l'on peut directement collecter sur Internet dans le but de dresser un constat sur la situation économique et sociale, la réponse serait plutôt mitigée. Mais peut-on faire crédit à ce type de recherche et surtout, comment séparer le bon grain de l'ivraie ? Dans cette avalanche de données, la forme cache souvent le fond et le détail l'essentiel. C'est pourquoi nous avons pris le parti de garder dans un coin de notre mémoire ces nombreuses lectures et de nous focaliser principalement sur deux d'entre elles, suffisamment synthétiques et non critiquables par nos adversaires irréductibles, puisqu'elles émanent de la Banque mondiale et de la Banque Natixis – comme quoi la finance s'intéresse tout autant que les États, sinon plus, à la situation mondiale.

Les premiers indicateurs sur lesquels nous tentons de travailler visent à évaluer l'ampleur, les causes de la pauvreté et des inégalités, et à examiner l'impact de la croissance et de la politique publique au niveau mondial. Ils proviennent de rapports d'analyse, de programmes nationaux d'observation de la pauvreté et du Groupe de recherche sur le développement (Banque mondiale). Ces indicateurs sont exprimés en ratio de la population mondiale par grands secteurs géographiques : Afrique subsaharienne, Amérique latine et Caraïbes, Asie de l'Est et Pacifique, Asie du Sud, Europe et Asie centrale, Moyen-Orient et Afrique du Nord, etc., auxquels s'ajoutent parfois les pays les moins avancés. Faut-il s'étonner, alors que toutes les conversions sont données en dollars, de ne pas voir figurer dans ce panel géographique l'Amérique du Nord ? Non ! La Banque mondiale considère sans doute que l'empire états-unien n'est pas affecté par la pauvreté. Ceci étant, tentons d'en tirer quelques enseignements, même si les indicateurs en question n'ont de valeur qu'en termes comparatifs.

Si l'on prend le ratio de la population pauvre disposant de moins de 1,25$ par jour, l'Afrique en compte 51 % et l'Asie de l'Est et Pacifique 43,5 % ; en passant à 2$, on atteint respectivement 82 et 96,4 % en 2010, alors que l'Europe et l'Asie centrale en totalisaient seulement 2,4 %. Dans le secteur de l'agriculture et du développement rural, on notait 47 % de la population en 2012, 37,6 % de l'ensemble des territoires de terres agricoles en 2011, un indice de production vivrière de 116,6 et une valeur ajoutée à l'agriculture par travailleur de 1 087$, alors que 70 % de la population mondiale pauvre vivait en zones rurales. Pour la même période, les indicateurs par région nous donnent l'Asie du Sud en tête avec 69 %, suivie de l'Afrique subsaharienne à 63 % et, loin derrière, l'Europe et l'Asie centrale à 40 %, puis les pays membres de l'Union européenne à seulement 26 %. En mettant ces ratios en parallèle avec le pourcentage de terres agricoles par territoire : Afrique subsaharienne 43,8 %, Asie du Sud 54,7 %, Europe et Asie centrale 66,1 %, Union européenne 44,3 %, on peut constater qu'Afrique et Asie du Sud ont une valeur ajoutée à l'agriculture par travailleur nettement plus faible que celle de leurs homologues européens.

Bien que les indicateurs concernant le changement climatique montrent que ce sont les pays les plus pauvres qui seront les plus durement impactés par la hausse des températures, l'évolution du régime des précipitations, l'élévation du niveau de la mer, l'augmentation de la fréquence des catastrophes météorologiques, les menaces sur l'agriculture, l'alimentation et l'approvisionnement en eau, alors qu'ils émettent moins de gaz à effet de serre et consomment moins d'énergie fossile que le reste du globe, ces préoccupations sont parfois perçues par eux comme un luxe des pays riches (sauf bien entendu pour l'eau potable, les pâturages, les forêts, les ressources marines, qui ont un impact direct sur la survie de ces populations les plus pauvres). En effet, sachant que la population urbaine mondiale s'élève à 3,690 milliards, que 77,6 % d'entre elle a accès à l'électricité et qu'elle génère 33,6 millions kT de CO2/ an, et constatant que l'Afrique subsaharienne ne produit que 0,8 tonne métrique par habitant, l'Asie du Sud 1,4, le monde arabe ainsi que l'Asie Est et Pacifique 4,9, et les pays de l'OCDE 10,1, il est aisé d'en conclure qui perturbe qui. Si l'on prend les sources d'eau potable, les disparités sont tout aussi marquantes : 63 %

d'eau potable améliorée pour l'Afrique subsaharienne, 65 % pour les pays les moins avancés et 99 % pour ceux de l'OCDE.

L'observation du développement social mondial montre que le taux de participation à la population active âgée de 15 ans et plus est de 77 % pour les hommes et 51 % pour les femmes en 2012. Mais les femmes actives représentaient 63 % en Afrique subsaharienne, 65 % en Asie de l'Est et Pacifique et moins de 51 % pour les pays membres de l'OCDE. Contrairement à une idée répandue (à l'exception du monde arabe où la population active féminine, pour des raisons culturelles et religieuses, ne représente que 23 %), ces dernières, le plus souvent veuves (puisque victimes collatérales des guerres régionales qui ont décimé leurs maris) ou agricultrices, sont plus nombreuses au travail que les hommes dans les pays pauvres. *A contrario*, le nombre de sièges occupés par des femmes dans les parlements nationaux est particulièrement bas : 21 % en 2012 au plan mondial, bien que ce pourcentage ne varie que de quelques pourcents dans tous les pays.

Au niveau du développement urbain, les villes sont plus efficientes dans la mesure où il est plus facile de fournir des services d'eau et d'assainissement à des personnes qui habitent à proximité les unes des autres. Il en va de même pour les services de soins et de santé, d'éducation et de formation, ainsi que pour les services culturels et sociaux. Notons toutefois que ces besoins essentiels augmentent au fur et à mesure que les villes prennent de l'expansion, et avec elle la pollution en général et celle de l'air en particulier, et que les écarts en équipements sont très importants d'une région à l'autre. Seulement 42 % de la population urbaine d'Afrique subsaharienne a accès à l'assainissement, contre 98 % pour les pays de l'OCDE. En termes de répartition géographique, l'accès à l'assainissement est d'autant plus faible que les pays ou les secteurs régionaux sont pauvres. En 2012, la population urbaine représentait 53 % de la population mondiale totale : 31 % en Asie du Sud, 37 % en Afrique sub-saharienne, alors qu'elle atteignait 80 % dans les pays de l'OCDE. 12,4 % disposaient d'une voiture particulière, mais la totalité vivait dans un air pollué contenant 41µg de particules fines inférieures à 10µ par mètre cube. Selon ces mêmes sources, l'impact de l'aide sur la réduction de la pauvreté et les inégalités est de seulement 0,8 % pour la prévalence du VIH de la population âgée de 15 à 49 ans, et le taux moyen de mortalité infantile de moins de 5 ans passe de 4,8 % au niveau mondial à 9,8 % en Afrique subsaharienne et à 6 % en Asie du Sud, alors qu'il s'élève à seulement 0,8 % pour les pays de l'OCDE. Si l'on prend à présent l'espérance de vie à la naissance : la moyenne mondiale est de 71,2 ans, contre 56,2 ans en Afrique subsaharienne.

En termes d'éducation, la Banque mondiale fait état de compilations de données de l'UNESCO établies à partir de réponses officielles, de sondages ou de rapports fournis par les autorités « compétentes » de chaque pays, dont la fiabilité est loin d'être prouvée. C'est ainsi que l'on arrive à 107 % d'inscriptions brutes à l'école primaire, 71 % à l'école secondaire, avec un taux d'achèvement de l'école primaire d'environ 90 %. Seul le taux d'alphabétisation de 70 % des jeunes âgés de 15 à 24 ans en Afrique subsaharienne pose, selon ces données, problème. Aucune information n'est donnée sur l'enseignement supérieur.

Dans le domaine de l'énergie et des mines, les pays pauvres payent un lourd tribut au soutien de la croissance économique mondiale sans accroître pour autant leur niveau de vie ou abaisser leur seuil de pauvreté. Selon les données de l'Agence internationale de l'énergie et du *Carbon Dioxide Information Analysis Center*, compilées par la Banque mondiale, l'équivalent pétrole par habitant, en 2011, représentait 1 890 kT, mais l'Afrique subsaharienne n'en consommait que 682 kT par habitant, l'Asie du Sud 555 kT, les pays les moins avancés 339 kT et les pays membres de l'OCDE 4 168 kT, soit environ huit fois plus que les pays pauvres. Si l'on prend le PIB par unité d'énergie utilisée, les écarts sont tout aussi significatifs.

En ce qui concerne la protection sociale, l'économie et les nouvelles technologies de communication et d'information, on comptait 5,957 milliards d'abonnés à la téléphonie mobile (un individu peut avoir plusieurs abonnements) et 35,6 % d'utilisateurs d'Internet, mais seulement 15,4 % en Afrique subsaharienne, 11,6 % en Asie du Sud, 7 % dans les pays les moins avancés et 73,3 % dans ceux de l'OCDE. Quant aux performances macro-économiques, aux finances des gouvernements, à la masse monétaire, aux prix, à la balance des paiement et à la dette extérieure, les données du FMI, compilées par la Banque mondiale, montrent une croissance annuelle du PIB de 2,2 %, pour une formation brute de capital de 21 %, une valeur ajoutée agricole de 3 %, un revenu net par habitant de 10 012$/an, une dette extérieure totale moyenne de 14,5 %, dont 6,7 % seulement pour l'Asie du Sud, 3,4 % pour l'Afrique subsaharienne et 24,5 % en Europe et Asie centrale (aucun chiffre n'est fourni pour les pays de l'OCDE). Enfin, au niveau de la protection sociale, notamment les emplois les plus vulnérables, ce sont encore les pays pauvres qui sont les plus touchés, 79 % en Asie du Sud, contre 15 % pour les pays de l'OCDE. Il en va de même pour les dépenses en recherche et développement, 2,21 % du PIB des pays de l'OCDE contre 0,58 % pour l'Afrique subsaharienne et 0,75 % pour l'Asie du Sud. Idem pour le développement des marchés financiers : crédit intérieur fourni par le secteur bancaire, avec respectivement 77,9 et 72,1 % du PIB pour l'Afrique subsaharienne et l'Asie du Sud, et 206,1 % pour les pays de l'OCDE. Quant aux marchés privés, prétendument moteur de la croissance économique susceptibles de la stimuler dans les pays en développement, les mêmes tendances sont notées pour le crédit intérieur fourni au secteur privé : 47,3 % pour l'Asie du Sud, 62,2 % pour l'Afrique subsaharienne et 156,9 % pour les pays membres de l'OCDE. Par contre, dans le secteur public, les déficits de trésorerie par rapport au PIB sont moins importants pour les pays pauvres que pour les pays riches : -1,4 % en Afrique subsaharienne, -6,1 % pour les pays de l'OCDE. Et il en va de même pour les dépenses militaires : 1,5 % pour l'Afrique subsaharienne, contre 2,5 % pour les pays membres de l'OCDE.

Les premières analyses politico-économiques et géostratégiques que nous pouvons tirer de ces premières données ne font que souligner le déclin grandissant d'un système qui ne peut imposer sa loi qu'à travers sa suprématie militaire et économique, lui permettant ainsi de déposséder chaque jour un peu plus les populations les plus démunies de leur droit à l'autosuffisance et au réel développement. Elles rejoignent par ailleurs celles déjà avancées en 2003 par Samir Amin dans son ouvrage *Capitalisme sénile* : « *(…) les États-Unis absorbant une fraction notable du surplus généré dans l'ensemble mondial et la triade n'est plus exportatrice significative de capitaux vers les périphéries. Le surplus qu'elle pompe, à des titres divers (dont la dette des pays en voie de développement et des pays de l'Est), n'est plus la contrepartie d'investissements productifs nouveaux qu'elle financerait. Le caractère parasitaire de ce mode de fonctionnement de l'ensemble du système impérialiste est par lui-même un signe de sénilité qui place au devant de la scène la contradiction grandissante centres-périphéries (dite "Nord-Sud"). (…) La classe dirigeante des Etats-Unis sait que l'économie de son pays est vulnérable, que le niveau de sa consommation globale dépasse de loin ses moyens, et que le principal instrument dont elle dispose pour forcer le reste du monde à couvrir son déficit est de lui imposer par le déploiement de sa puissance militaire. Elle n'a pas le choix. Et elle a choisi la fuite en avant dans l'affirmation de cette forme d'hégémonisme. Elle mobilise ses peuples – en premier lieu ses classes moyennes – en proclamant son intention de "défendre à tout prix le mode de vie américain."* »

Les autres indicateurs sur l'état du monde, fournis pas les adeptes du même capital, proviennent, comme nous l'avons précédemment souligné, *d'une lecture marxiste de la crise* (que les communistes ont parfois abandonnée) proposée par Patrick Artus, directeur de la recherche économique auprès de la banque Natixis. Avant de revenir sur le fond de cette analyse, voici ce qu'en dit notre protagoniste : « *Notre interprétation de la crise est la suivante – il y a excès mondial de capacité de production, dû essentiellement à la globalisation et à l'investissement très important dans les pays émergents ; l'excès de capacité devrait normalement faire baisser la profitabilité des entreprises ; en réaction à cette évolution, les entreprises ont essayé de réduire les salaires dans le PIB, qui amplifie l'insuffisance de la demande par rapport à la capacité ; elles essaient aussi de devenir leader dans leur activité pour bénéficier de marges d'oligopole – l'excès de capacité de production pousse les États à mener des politiques non coopératives visant à accroître le taux national d'utilisation des capacités : stimulation du crédit par des politiques monétaires très expansionnistes (d'où les bulles spéculatives sur les prix actifs, l'excès d'endettement et les crises) ; sous-évaluation du taux de change dans les pays émergents. Il s'agit bien d'une lecture marxiste (mais conforme aux faits) de la crise ; suraccumulation du capital (par "l'euphorie" des entrepreneurs) d'où la baisse tendancielle du taux de profit ; réaction des entreprises à cette baisse du taux de profit par la compression des salaires, du capital, la concentration et l'obtention de rentes, d'où la sous-consommation ; réaction qui ne peut être efficace à long terme, des États par le développement du crédit et des activités spéculatives, comme substituts (palliatifs) à l'insuffisance de la production, par le recours au commerce extérieur. L'excès mondial de capacité de production apparaît avec la globalisation : les pays émergents ont des taux d'investissement très élevés et un investissement en forte croissance (ceci est particulièrement vrai en Chine), dans le même temps, les taux d'investissement n'ont pas été réduits jusqu'à la crise dans les pays de l'OCDE.* » Bien que discutable, cette analyse nous renvoie au concept de suraccumulation, de surproduction et de baisse du taux de profit dans un système capitaliste en crise. Elle est également révélatrice du regain d'intérêt chez les capitalistes des thèses marxiennes sur les mécanismes de la crise, ce qui tendrait à prouver (si tant est que cela soit nécessaire) leur pertinence dans la situation actuelle.

Enfin, pour faire bonne mesure, nous avons également consulté des textes plus « orthodoxes » émanant directement de chercheurs marxistes. Et si nous avons choisi ici les travaux de Henri Houben, économiste à l'Institut d'études marxistes de Bruxelles, c'est surtout pour leur caractère synthétique et la date de sa contribution au colloque de Shanghai sur la mondialisation économique et l'économie marxise moderne avant la crise de 2008 : *Une analyse marxiste de la globalisation actuelle.* Houben part du postulat de *l'actualité de l'analyse de Lénine sur l'impérialisme*, et considère que l'époque de l'impérialisme est non seulement loin d'être révolue, mais qu'elle est plus présente que jamais. Ce qui a changé, selon lui, c'est l'ampleur avec laquelle les caractéristiques de l'impérialisme agissent. Et c'est à partir d'un inventaire minutieux de la situation économique et politique globalisée qu'il conclut à *un monde dominé par les monopoles.* Ainsi, en 1916, les monopoles étaient rares à l'échelle directement planétaire, bien qu'existant déjà dans le pétrole avec Royal Dutch/shell, Anglo-Iranian Petroleum company (BP aujourd'hui) et la Standard Oil de Rockefeller (devenus Exxon Mobil et, en partie, Chevron Texaco). Actuellement, c'est l'inverse, et rares sont les secteurs qui ne sont pas régis par des géants mondiaux et qui ont une base productive un peu partout sur le globe. Par exemple, il n'y a plus que deux grands constructeurs d'avions commerciaux : Boeing et Airbus, et une dizaine de multinationales automobiles qui assuraient près de 90 % de la production mondiale en 2004 (près de 100 % aujourd'hui). Au niveau des compagnies pétrolières, les trois plus grandes : Royal Duch/Shell, BP et Exxon Mobil, absorbent à elles seules près de la moitié du marché mondial. Quant aux industries pharmaceutiques, autrefois dispersées parce que les produits sont multiples, les voilà réunies aujourd'hui sous l'égide d'une dizaine de firmes qui contrôlent plus de 60 % des ventes mondiales. Pour ne donner qu'un exemple, en 15 ans seulement, les fusions et acquisitions sont passées de 1 719 en 1985 à 11 169 en 2000 et les montants en jeu ont été multipliés par 20, passant de 150 milliards de dollars à 3 400 milliards. Et ce phénomène n'a fait que croître, surtout après la crise de 2008. Comme le dit Houlen, « *ces opérations sont dignes d'un gigantesque Monopoly à l'échelle planétaire.* » Ces mouvements de capitaux s'accompagnent d'un développement tout aussi – sinon plus – démesuré des marchés financiers. Et si, à l'époque de Lénine, la banque servait de centre de gestion du capital, aujourd'hui, elle est rejointe par toute une série de sociétés financières : fonds de pension, fonds spéculatifs, compagnies d'assurances, etc., dont témoignent plusieurs indicateurs parmi lesquels la capitalisation boursière qui, croissant tous les ans en moyenne de 16 % dans les années 1990 et de 20,7 % pour la capitalisation boursière américaine, dépassait celle du PIB, dont la croissance moyenne pour la même époque était seulement de 3,3 %. De fait, la capitalisation boursière en 1990 représentait déjà 40 % du PIB mondial et cette part n'a cessé d'augmenter depuis. Si l'on prend un autre marqueur : le stock d'investissement à l'étranger (FDI *out ward stock*, qui équivalait à 4,4 % du PIB mondial en 1980), il atteint 23,9 % en 2004 et n'a cessé lui aussi d'augmenter depuis la crise généralisée. Ford développa même le concept prémonitoire de voiture mondiale en 1980 et si l'industrie automobile demeure organisée à une échelle continentale, force est de constater que les différentes pièces nécessaires à la réalisation d'une voiture de série sont bien fabriquées à l'échelle planétaire. Même si la production n'est pas encore totalement mondialisée (parce que, selon Houben, il n'existe pas de création de valeur à l'échelle mondiale), pour atteindre de tels niveaux de concentration de capitaux, il faut de nouveaux liens entre les multinationales et leurs États d'origine et, plus encore, de nouveaux liens entre les pays de la triade États-Unis, Europe, Japon. Voilà pourquoi les multinationales, voulant profiter des différences de rémunérations des forces de travail entre les diverses régions du monde, liées au niveau de développement économique et social de chaque pays, mais aussi des rapports de force différents entre les travailleurs et la bourgeoisie exploiteuse, ont créé des institutions internationales facilitatrices (leur permettant de tirer le plus grand bénéfice possible) comme le FMI, la Banque mondiale et l'OMC. De cette façon, s'il n'y a pas à proprement parler de création de valeur mondiale, il y a transfert de plus-value des travailleurs du monde entier.

Le second niveau de l'analyse de Houben s'en tient à l'offensive des États-Unis vis-à-vis de leurs anciens alliés depuis la disparition de l'URSS en 1990. Très vite, ils se fixent comme objectif d'empêcher toute autre puissance d'être capable de rivaliser avec eux et cela suppose de renforcer leur suprématie militaire. C'est le sens du rapport « *Defense Planning Guidance* » de Paul Wolfowitz et Lewis Libby, commandé par Dick Cheney, alors secrétaire à la Défense. Mais le problème numéro un est celui de l'économie. En effet, les USA sont progressivement rattrapés par l'Europe et le Japon sur le plan de la productivité. À titre d'exemple, en 1990, l'évolution du PIB réel par habitant en dollars PPA (parité pouvoir d'achat) de l'Europe et du Japon, comparé à celui des États-Unis, montre que le Japon atteint 80,9, alors que les USA sont à 68,3. Sous l'administration Clinton, une nouvelle politique économique est lancée. Elle est fondée sur l'ère de l'information et la société de la connaissance, s'appuyant sur une innovation majeure : Internet, émanant des techniques utilisées par les militaires du Pentagone. Il va s'en suivre une relocalisation dans le tiers-monde (Mexique, Amérique centrale et Asie de l'Est) de la production manufacturière de base, mais créatrice de plus-value, surtout centrée sur l'électronique de consommation de masse, du secteur du textile et de l'habillement. Alors qu'en 1990, la part des importations des pays capitalistes est encore le double de celle du tiers-monde, en 2004, la situation est inversée et la manufacture n'assure plus que la moitié de la production nécessaire aux USA. Le second fondement de la « nouvelle compétitivité américaine » est le développement des marchés financiers. On estime qu'un gain de 10 % en capital sur les marchés boursiers engendre une croissance de la consommation des ménages américains de l'ordre de 0,5 à 1 %. Cela signifie que de 1990 à 1999, la consommation des ménages due à la hausse des actifs boursiers a progressé d'environ 22 %, mais qu'elle s'est finalement soldée, dans sa dernière phase, par un krach boursier. Cette politique de financiarisation de l'économie induit une croissance plus forte encore d'apports nets en capital venant de l'étranger, engendrant leur lot de crises durant cette même période en Asie du Sud-Est, en Russie, au Brésil, en Argentine, en Turquie, ainsi que de faibles taux de croissance en Europe et au Japon dans la mesure où les bourgeoisies du monde entier plaçaient leur argent dans l'économie jugée la plus sûre de la planète : les États-Unis.

La thèse de la globalisation impérialiste, que défend Houben, est en contradiction avec celles de Tony Negri et de Michael Hart, qui avancent l'idée que l'impérialisme serait remplacé par l'Empire, lequel deviendrait à terme une sorte de domination planétaire des intérêts d'une classe dirigeante plus ou moins unifiée, dont les États-Unis (sans être leader) seraient le bras armé et que tous les pays, y compris la Chine, participeraient à cette domination. Dans ce schéma, seules subsisteraient des opérations de police pour punir les États récalcitrants ou les peuples les plus rebelles, et la classe ouvrière ne serait plus l'avant-garde de la révolution socialiste. Cela n'est pas sans rappeler la polémique entre Kautsky, qui avance son concept d'ultra-impéralisme aboutissant à la création d'un seul monopole qui dominerait le monde, et Lénine, qui persiste dans l'idée que l'impérialisme n'estompe pas pour autant les contradictions les plus essentielles de notre société. En réalité, selon Houben, c'est une compétition intense qui se joue au niveau global et non une tendance à la pacification, les États étant amenés à défendre leurs multinationales et donc à entrer en compétition les uns contre les autres malgré leur apparente unité de vues. C'est pourquoi la Maison-Blanche veut asseoir son contrôle sur les ressources énergétiques et minières afin de disposer d'un levier stratégique pour empêcher l'émergence d'unc puissance concurrente. D'autant que sur le plan économique, le développement des marchés financiers ne peut excéder durablement celui de l'économie réelle, au risque d'un ajustement brutal et d'une crise générale du capitalisme. Quoi qu'il en soit, Houben en conclut que l'impérialisme, qui caractérise la globalisation actuelle, rend le monde profondément instable et peut déboucher sur des guerres de plus en plus violentes et généralisées à l'échelle planétaire.

Les signes du déclin irréversible du capital

Comme nous venons de le voir, les données que nous avons collectées sur l'état du monde, bien que contrastées, caractérisent sans appel un état d'inégalités Nord/Sud qui ne cesse de s'aggraver, et une crise systémique sans précédent. Si nous avons pris le parti de ne pas en tirer les conclusions au fur et mesure de leur déroulement, c'est pour mieux synthétiser les signes du déclin irréversible du capital que ces données sous-tendent. Avant d'en venir aux conséquences de l'impérialisme économique et militaire de la triade États-Unis, Europe, Japon sur le reste du monde, examinons celles concernant la crise mondiale elle-même. Il est utile de dire que mis à part quelques patrons ruinés et quelques milliers de traders licenciés, les classes dominantes, en particulier celles appartenant à la triade en question, non seulement bénéficient de multiples ressources qui leur permettent largement d'en éviter les effets concrets, mais qui plus est, se sont, pour une large part, enrichies. À l'opposé, la classe ouvrière et une partie des couches moyennes, et plus largement l'ensemble des classes populaires ou les petits paysans et les artisans sont affectés par un chômage massif, une perte de revenu et une paupérisation accrue. Pour les pays du tiers-monde, où les systèmes de protection sociale sont embryonnaires, voire inexistants, ces conséquences sont bien plus terribles encore. Désormais, près de la moitié de la population active, soit environ 1,5 milliard d'individus, est concernée par les emplois dits « vulnérables » qui ne cessent d'augmenter, et pour certains pays de l'OCDE, on note également une forte baisse de l'emploi salarié. Alors que de 1998 à 2008, l'extrême pauvreté progressait modérément (surtout du fait de la forte croissance économique de la Chine et de l'Inde), elle a recommencé à fortement augmenter dès 2009. Même si les emplois les plus impactés se trouvent surtout dans l'industrie, ceux des secteurs de l'éducation, du social, de la santé, voire de l'administration, ne remplissent plus leur fonction « contre-cyclique » et sont aussi en recul dans les pays les plus durement touchés par la crise, y compris certains pays de l'OCDE (Grèce, Portugal, Espagne, Irlande, pays Baltes, etc.). Ce déclin général de l'emploi est à rapprocher de celui plus massif encore de la petite paysannerie soumise à la concurrence mondiale et poussée massivement vers les villes. Ceci permet de recréer un volant d'emploi précaire urbain, qui fragilise encore plus le monde ouvrier, notamment dans les anciens pays industriels.

Parallèlement à ces phénomènes globaux, s'ajoute la remise en cause des statuts de la fonction publique, principalement dans les pays européens. Si la Chine et l'Inde, ainsi que certains pays émergents (le Brésil notamment), connaissent des évolutions spécifiques, en premier lieu l'émergence des « couches moyennes » composées de salariés, mais aussi de travailleurs indépendants, cela se fait au prix d'un sous-emploi massif dans les campagnes qui génère une « classe » de migrants ruraux, notamment en Chine où ils sont appelés *nongmigong*. Tout cela génère de l'insécurité économique, des inégalités économiques sociales et géographiques, qui ne peuvent que s'amplifier. Malgré le fort impact de la crise économique sur la dégradation des conditions de travail, le stress et l'anxiété des salariés en général, il se trouve encore une majorité parmi eux à vouloir se défendre, y compris par la force, pour sauvegarder les emplois ou faire valoir leurs revendications, de même que la plus grande partie d'entre eux n'adhèrent pas à l'idée de la convergence d'intérêts entre dirigeants et salariés de leur entreprise. Pour autant, les données du BIT ne font pas apparaître une tendance à la hausse significative des conflits sociaux après 2008.

Comme nous pouvons l'observer, à partir des données nouvelles sur l'état du monde, la plupart des clignotants sont au rouge. Alors pourquoi le capital maintient-il en « friche » 80 % de la population de la planète ? Ce « repli » des centres sur eux-mêmes, comme le note Samir Amin, « abandonnant » les périphéries tiers-mondistes à leur « triste sort » (salué par l'idéologie médiatopolitique comme étant la fin de l'impérialisme, le Nord pouvant se passer du Sud, bien évidemment démenti par les actions de l'OMC, du FMI et les interventions de l'OTAN), n'est-il pas le signe concret de l'incapacité du capital à maintenir à un niveau suffisant son taux de profit ? Car imaginer la fin du capital, comme certains économistes se plaisent à l'évoquer, uniquement à partir de la crise majeure de l'endettement généralisé, n'est pas probant. Pour y voir plus clair, il nous faut revenir à l'ensemble des ruses que nous avons décortiquées précédemment. Car nous aurions tort de croire qu'elles se succèdent sans lien les unes avec les autres, ou bien que chaque « nouvelle trouvaille » efface l'autre, un peu comme si le capital pouvait, à chaque phase de ses crises systémiques, chercher et trouver une parade meilleure que la précédente. En réalité, non seulement elles se complètent, mais elles font système, sans pour autant parvenir à bloquer définitivement l'inexorable ampliation de la crise. Voilà pourquoi le capital n'a d'autres choix que de chercher par tous les moyens à en coordonner l'usage.

Chaque ruse soutient et amplifie l'autre. Si le néo-colonialisme par exemple assure à l'impérialisme les ressources énergétiques et minières nécessaires à sa suprématie, la résistance des peuples néocoloniaux s'exprime et le recours à la barbarie lui permet de maintenir son leadership par la force. Si la réduction des salaires s'impose pour tenter d'équilibrer son taux de profit en période de crise, les mécanismes d'ajustement de la productivité du travail à partir des moyens que lui permettent le néo-taylorisme et le néo-fordisme ou les nouvelles méthodes de management sont là pour y remédier. Et si, par nécessité, le capital humain devient une forme de capital que le capitaliste doit par tous les moyens s'approprier à moindres frais, il trouvera à travers le chômage, la délocalisation ou la main-d'œuvre immigrée les moyens opérationnels pour peser concrètement sur le salaire des travailleurs. Doit-il maintenir et ajuster le niveau de consommation moyen pour écouler le surplus d'une marchandise produite hors d'une offre potentielle réaliste ? Les « classes moyennes » et une partie de la classe ouvrière, grâce au crédit et à l'endettement, y pourvoiront partiellement et cela d'autant que tous les moyens de conditionnement idéologique à sa disposition à travers *l'enjeu parabole* seront là pour soutenir ces objectifs de consommation orientée. Doit-il trouver de nouveaux débouchés pour élargir sa sphère de profit au-delà de la financiarisation de l'économie ? L'accaparement des terres des pays du tiers-monde est là pour répondre à cette nouvelle nécessité. Il en va de même pour le développement des nouvelles technologies qui apportent un bouleversement qualitatif au niveau de la croissance et de la productivité dont le capital s'ingénie à s'assurer la suprématie à travers la recherche appliquée et le verrouillage des brevets. Et nous aurions tort de croire que la panoplie est complète. D'autres ruses en attente dans les cartons sont là pour intervenir en cas de besoin, et au-delà même de la recherche d'une nouvelle gouvernance mondiale ou des néofascismes pour contraindre plus encore l'ensemble des peuples. Non, notre plaidoyer n'est pas une vue de l'esprit. L'ensemble des éléments que nous avons analysés jusqu'ici en témoigne. Non, le capitalisme ne tourne pas en rond, il avance inexorablement vers sa propre déchéance et il sait très bien que son industrie se contracte et que ses marges de profit dans ce secteur reculent de plusieurs pourcents par an à l'échelle globale et que la majorité des investissements industriels réalisés dans la dernière période n'impliquent pas une augmentation des capacités productives, mais seulement un renouvellement de celles-ci. Et les statistiques pour l'ensemble des autres investissements racontent à peu près la même histoire. Le capital n'ignore pas qu'une reprise économique durable est exclue et que toutes les prévisions de redressement proférées par le G20 ne sont que vaste duperie. Et il est fort probable, si les peuples ne viennent pas s'en mêler, que les marchands de désirs d'aujourd'hui soient les marchands de mort de demain.

La crise que nous connaissons annonce la fin d'un cycle politico-économique, celui de l'impérialisme américain et de leurs alliés condescendants européens et japonais, entamé dans les années 1970. Même si les États-Unis restent le fer de lance de la triade, leur position dominante face aux nouveaux centres de pouvoir que sont l'Europe occidentale, la Chine, l'Inde et le Brésil est à terme compromise. Mais qu'on ne s'y trompe pas, un nouveau pouvoir hégémonique fera centre et sera confronté à son tour aux mêmes errements congénitaux de la crise systémique qui ne sera jamais enrayée. À moins que, puisant dans la plus terrible de ses ruses, le capital mondial ne fasse appel, une fois encore, à l'affrontement militaire mondial. Même si les États-Unis ont été contraints, pour des raisons strictement budgétaires, à restreindre leur équipement militaire, s'appuyant de plus en plus, pour les opérations de main-forte en Afrique ou dans les pays arabes, sur l'Europe et à présent sur la zone Asie-Pacifique, voire sur le Japon (qui vient d'envoyer pour la première fois un satellite militaire dans l'espace), leur force de frappe globale, notamment à travers l'OTAN, reste dominante. Le rapprochement de l'ancienne superpuissance militaire russe et de la nouvelle puissance économique chinoise semble indiquer que ces deux pays tentent de se prémunir contre toute éventualité, y compris celle d'une 3e guerre mondiale ; de même que la bataille de l'impérialisme américain pour placer sous son giron les pays de l'Asie du Sud-Est (ASEAN), au détriment de la Chine toute proche, est significative de l'ampleur de la guerre économique que se livrent les deux « super-puissances industrielles » aujourd'hui. Car l'impuissance du capital à redresser la barre est bien là sous nos yeux et il ne tient qu'à nous de combattre ce système obsolète et pervers pour en finir avec lui. Mais quelle que soit l'issue de la crise généralisée, et même dans l'hypothèse où l'impérialisme parviendrait à trouver des boucs émissaires à sa fragile hégémonie, soyons-en sûrs, pour la postérité, dans quelques centaines d'années, l'histoire du capitalisme nous paraîtra pure barbarie.

Prémices d'une nouvelle conscience sociale

Qu'est-ce qui fait avancer ou reculer la conscience de classe ?

De la même façon que l'appel adressé à la classe exploitée – « *Tu dois changer ta vie* » – énonce un impératif général destiné aux seuls travailleurs, l'histoire nous apprend que cette injonction, qui tente de mobiliser et de réveiller les consciences, ne peut être perçue par tous comme un appel d'envergure universelle, mais seulement comprise par la minorité qui fait de la sortie de l'aliénation dans laquelle l'enferme le capitalisme une nécessité absolue. La conscience de classe ne se décrète pas, elle se vit comme un conflit irréductible qui nous oppose à la classe exploiteuse, laquelle cherche, à travers l'intelligence et la sueur de notre travail, à s'enrichir. C'est pourquoi tous les livres de théorie révolutionnaire ou de philosophie politique, quels qu'ils soient, ne peuvent, par leur simple érudition, faire naître la conscience de classe des travailleurs. Leur utilité réside dans le miroir de l'exploitation à l'échelle de la société globale qu'ils nous tendent, mais la plénitude de la conscience de classe ne se révèle que dans la réalité du combat contre le capital.

Certes, les hommes et les femmes ressentent le besoin d'être portés par des mots forts : *Indignez-vous*, avait dit Stéphane Hessel. Mais même s'il eût été préférable de s'exclamer : « *Révolutionnez le monde* », la crise mondiale, par un impératif analogue à l'exploitation, ne pousse à la révolution ou à la révolte que ceux qui ont des raisons d'être révoltés ou de vouloir révolutionner. Sur un autre plan, nous pouvons dire que la conscience de classe (déjà partiellement affaiblie) sera tout de même plus éveillée par la réalité de la subordination des classes exploitées à la propriété privée des moyens de production et la dépossession par le capital des fruits de leur travail, ou par l'expropriation massive des petits paysans du monde entier qui résulte de la spéculation agraire, plutôt que par la fausse rhétorique du « Travailler plus pour gagner plus ».

À partir des années 1980, pratiquement personne, à l'exception de quelques marxistes irréductibles, taxés d'archaïques, ne se réfère au capitalisme. Ce terme est progressivement éliminé du vocabulaire des politiques, écrivains, chercheurs en sciences sociales, journalistes et autres syndicalistes. À la même époque, le mouvement alter-mondialiste en plein essor se centre sur les mécanismes économiques et les formes d'organisation du travail et du profit, non pas du capitalisme, mais de l'Empire américain. Ainsi s'externalise peu à peu la question de la mondialisation du capital sous la forme d'un anti-américanisme qui en masque la dimension globale. En ce sens, si la tâche principale est actuellement de combattre le capitalisme en général et l'impérialisme américain et ses acolytes en particulier, nous n'allons pas soutenir pour autant le capitalisme « communiste » de la Chine, du Laos, du Vietnam et autres avatars du « socialisme réel », ni les Islamistes intégristes comme forces progressistes susceptibles de remettre en cause la mondialisation du capital, même si nous devons en percevoir tous les enjeux géopolitiques. La « modernité alternative » – si modernité il doit y avoir – ne peut se limiter à la critique exclusive de l'impérialisme avec l'idée sous-jacente de faire évoluer le système capitaliste dans un cadre plus « progressiste », mais doit refuser le cadre général que ce dernier entend imposer à l'ensemble du monde.

À ce propos, nous ne pouvons qu'être frappés par le rapprochement, *a priori* contre-nature, entre les États-Unis et le Vietnam. Les accords de coopération économique et militaire, signés entre les deux ennemis irréductibles d'hier sur le dos des peuples, sont révélateurs des antagonismes inexistants en dehors de ceux liés à leur propre base nationale, dès lors que la question de la lutte des classes sort du champ de leurs préoccupations. Nous retrouvons cela dans le parcours politique du peuple sud-africain autour de son charismatique leader Nelson Mandela. Tant que celui-ci et sa base agissante s'en sont pris réellement à l'apartheid comme étant un des systèmes consubstantiels de l'exploitation capitaliste, les droites et la social-démocratie de tous les pays les ont fustigés ou soutenus à la marge. Mais dès que l'idée d'une alliance de classe a germé dans la nouvelle gouvernance autour de Mandela, les mêmes, qui hier encore le condamnaient, en ont fait à sa mort un héros planétaire. Ce qui demeure irréductible dans chacun de ces pays, comme dans tous les pays du monde, est bien l'antagonisme entre les classes exploiteuses et exploitées que transcende la lutte des classes. Ne soyons pas naïfs. Tous ces évitements des positions de classe tendent à masquer l'acceptation de l'économie de marché et confortent la possibilité pour le capitalisme de faire accepter son triomphe total. Mettre l'accent sur ces questions est donc fondamental. Ainsi, la croyance qui se répand, donnant comme possible la subversion du capitalisme mondial et son pouvoir d'État non en l'attaquant directement sur un terrain de classe mais en reconfigurant le champ des luttes uniquement en direction de ses excès quotidiens, empêche de faire grandir l'idée qu'il est urgent et nécessaire de construire un « autre monde ». Le traumatisme, parmi les classes travailleuses, de tous ces évitements est bien la leçon que nous devons tirer de ces dernières décennies collaborationnistes. Tant que la lutte des classes ne reviendra pas au premier plan des préoccupations des masses exploitées, et en priorité celles des pays du Sud particulièrement impactées par la crise du capitalisme, la libération et l'émancipation des peuples demeureront fragiles, limitées, et vulnérables. Il est toutefois un autre aspect tout aussi important que nous devons mettre en avant pour que grandisse la conscience de classe. C'est que l'effondrement du « communisme » ne signifie pas qu'il est impossible de développer l'action à un niveau global en tant que projet révolutionnaire, mais qu'au-delà de cette défaite historique, il est encore possible d'engendrer contre la réalité capitaliste des mouvements qui vont bien au-delà des seules résistances locales ou régionales d'aujourd'hui.

Certes, et nous l'avons vu, l'économie n'est pas la seule à avoir une incidence sur les relations entre les individus. Mais dans le champ des possibilités qui sont offertes à chaque travailleur, la part de la production sociale qui devrait lui revenir, et dont il est spolié, est bien la base par laquelle toutes les fausses idées que l'on tend à lui imposer peuvent être remises en cause. Si la question demeure aussi morale et doit s'appuyer sur des valeurs de partage, de justice et de fraternité, pour autant, le socle de la conscience de classe est essentiellement lié aux modes et aux conditions de la production et de la consommation au moment où se déroule l'histoire. Et même si nous devons dans un même mouvement avancer l'idée d'une économie qui promeut la solidarité plutôt que l'égoïsme, une économie qui élargit et diversifie les possibilités de répondre aux vrais besoins des hommes et des femmes, une économie qui prend en compte l'environnement, qui envisage les travailleurs comme des personnes dans leur intégrale dignité, cette sorte « d'équité économique » ne saurait suffire à elle seule pour mobiliser les masses contre le capital. Car la meilleure arme possible contre ce dernier est celle qui consiste à objectiver la conscience ouvrière aux avant-postes de la lutte des classes. Voilà pourquoi nous disons par avance aux pseudo révolutionnaires que rien ne sert de s'effaroucher, ou de prétendre que ce discours est éculé, vieillot, obsolète, passéiste, usé, sectaire, etc., et qu'il est grand temps de rompre avec cet intransigeant concept de lutte de classes. Libre à eux de s'associer sans le dire aux ruses du capital. Mais ce concept fondamental de lutte des classes, qui ne saurait se nourrir seulement de théories livresques, pourrait bien être affecté par le travail de dépolitisation et de déculturation entrepris à grande échelle par le capital et ses acolytes sociaux-démocrates. C'est pourquoi il est important de rappeler qu'il n'y a jamais eu de changement dans l'histoire qui ait été produit par un mode de gestion fondé sur le compromis. Toutes transformations ou réformes radicales sont toujours le fruit des luttes, même si en matière électorale, elles peuvent parfois déboucher sur des résultats contre-productifs par rapport aux attentes espérées. C'est ce que nous enseigne la lutte des peuples opprimés par des dictatures nationales des pays arabes aujourd'hui : sans réelle conscience de classe et lutte de classes, point de perspectives réellement émancipatrices à leur authentique combat révolutionnaire.

Ce qui fait de la classe ouvrière une force agissante, qui la porte en quelque sorte vers une « mission » émancipatrice, ce n'est ni sa pauvreté, ni son inclination (parfois trahie) à s'organiser sur des bases militantes, mais sa confrontation avec les moyens de production mis en œuvre par le capital pour s'approprier les fruits de son travail ; c'est le fait que, *a contrario* des sous-classes et autres strates sociales au contact de l'économie, c'est la seule classe dans l'histoire qui peut s'abolir elle-même en abolissant son opposé : le capital. Là se trouve la vérité qui peut révolutionner le monde ; là se trouvent les clés de la sortie du capitalisme. Et puisque nous avons insisté sur la dangerosité de l'idéologie dominante qui tend à affaiblir la conscience de classe pour asseoir son hégémonie, revenons-y par un autre biais.

Si l'on veut réactiver la conscience révolutionnaire et s'entourer du concours de toutes les classes sociales, alors la lutte des idées est inséparable de la lutte des classes. Et même si nous constatons et devons dénoncer la manipulation des consciences par tous les valets du capital, l'idée que les travailleurs seraient irrésistiblement attirés par l'idéologie dominante, les médias et les nouveaux moyens de communication doit être combattue. Car comme nous venons de le voir, les luttes de classe se situent du côté de l'expérience et de la réalité de l'exploitation et mettent à jour les contradictions avec les idées et les représentations que le capital tend à imposer. Voilà pourquoi il est impératif, au risque d'affaiblir réellement la conscience de classe, de revenir sur les thématiques de l'exploitation au lieu de porter le fer uniquement sur celles de l'exclusion, de la réorganisation du travail, de la souffrance au travail, etc. Il est nécessaire de cesser de penser la révolution uniquement comme un acte philosophique et de nous sortir de cette sorte d'idéalisation de l'action si l'on veut revenir aux sources de l'émancipation humaine. La perméabilité de certains travailleurs aux idées de la classe dominante ne peut donc être réduite à la seule manipulation idéologique et à l'endoctrinement. Ce sont les contradictions économiques, sociales et politiques du capital en conflit permanent avec les aspirations des classes exploitées qui sont déterminantes. Cependant, les travailleurs entrant en lutte y viendront aussi avec la part des représentations idéologiques que le capitalisme dans lequel ils baignent quotidiennement aura réussi, notamment à travers *l'enjeu parabole,* à leur inculquer. Et même si leurs intérêts de classe demeurent en conflit irréductible avec ceux de la bourgeoisie, il n'est pas sûr que les couches sociales les plus éloignées de la production et les moins touchées par la baisse des revenus, et donc les moins impactées par la crise, soient en mesure d'intégrer la nécessité du combat de classe sans un travail idéologique contrecarrant les fausses représentations de leur « conscience de classe amputée ». C'est pourquoi les intellectuels et les masses ouvrières du monde entier se retrouvent en nécessité d'alliance dans l'action et l'éclairement idéologique pour empêcher que ne recule la conscience de classe générale. Il n'est qu'à regarder ce qui se passe dans le combat des peuples des pays dits développés les plus durement frappés par la crise pour comprendre que se pose réellement la question de la bataille idéologique. Le vrai combat révolutionnaire n'implique pas seulement une lutte des travailleurs contre les effets de la crise, mais contre le capitalisme lui-même et contre ses effets dégradants qui impactent leur conscience de classe. Le rôle de l'idéologie et de la coordination révolutionnaire n'est autre que de combler le vide entretenu par les divisions et « l'hétérogénéité » politique et sociale des travailleurs, tout en sachant que cela ne saurait suffire. À moins qu'avec la mobilisation du peuple déjà aguerri, nous ne nous attachions à construire sans attendre de nouvelles solidarités et de nouveaux modes de fonctionnement économiques et sociaux à l'intérieur même du système en crise.

Quoi qu'il en soit, il nous faut revenir sur la notion du *sérieux* avancée par notre ami Clouscard comme étant le refus d'intégration des hommes à la fin de l'histoire et comme la contradiction dialectique du *futile* qui tend à désincarner la lutte des classes. Et si le monde n'évolue pas seulement à partir des « idées » des Hommes, puisqu'il évolue essentiellement à partir des bases matérielles, pour autant la superstructure sociale influe elle aussi sur le reste de la société. C'est pourquoi le matérialisme historique doit être vu comme un outil d'analyse des sociétés humaines, afin que notre pratique révolutionnaire s'appuie sur la vraie boussole qu'est la conscience de classe ; la seule qui nous permette de transformer réellement le monde. Pour savoir comment les classes travailleuses vont comprendre la crise du capitalisme, qui exige à la fois une remontée des luttes, une recomposition du mouvement ouvrier et la capacité de faire front aux attaques de plus en plus dures de la bourgeoisie à l'échelle internationale (auxquelles s'ajoute la guerre d'intégration idéologique), l'avancée ou le recul de la conscience de classe est l'indicateur essentiel qui permet de mesurer si elles sont en capacité ou pas d'en percevoir la véritable signification. Comme l'a si bien résumé Karl Marx : « *Ce sont les hommes qui font leur propre histoire, mais ils ne la font pas d'une façon arbitraire, ni dans des circonstances librement choisies ; ils la font dans des conditions qu'ils ont trouvées devant eux, qui leur ont été léguées par le passé, bref, dans des circonstances données.* »

C'est lors de ces instants précis de l'histoire, c'est-à-dire quand le basculement vers le recul ou l'avancée du niveau de la conscience de classe se fait jour, qu'on se doit de dégager les intérêts communs à tous les peuples, afin de contrecarrer les néofascismes naissants et d'ouvrir bien grandes les portes de la révolution. Alors que sous les coups de boutoir du capitalisme et les faux-semblants des réformistes, les travailleurs des pays développés ont peu à peu dérivé, donnant le sentiment qu'ils n'étaient pas encore prêts, malgré leurs velléités et leurs révoltes, à sortir du capitalisme, dans les pays du Sud, une masse ouvrière montante, émergeant de l'économie mondialisée, porte, à travers ses formes d'action radicales et sa détermination, toutes les prémices d'une nouvelle conscience de classe. Mais cela est encore fragile et demande à être cultivé. Car même si des signes avant-coureurs sont là pour nous dire que le capitalisme creuse peu à peu sa propre tombe et que l'action des travailleurs est là pour l'y aider, la vraie révolution ouvrière ne se prévoit pas, elle se prépare. Comme le disait Gramsci : « Le changement de société suppose une longue guerre de positions. »

Les outils à la disposition des masses

Nul ne peut nier l'affaiblissement des forces politiques et syndicales prenant fait et cause pour les travailleurs depuis la chute du mur de Berlin. Mais la question que nous devons nous poser est de savoir si c'est l'absence de contre-pouvoir au capitalisme – que prétendait incarner le système soviétique – ou l'absence d'avancée communiste dans un système soi-disant en marche pour construire ce contre-pouvoir qui pèse le plus sur le développement de la mobilisation des masses aujourd'hui. Car en réalité, que reste-t-il de l'héritage communiste à travers le monde, si ce n'est l'image négative (largement répandue par les forces du capital) de la douloureuse et non moins utile expérience de la révolution bolchevik ? L'idée même du communisme a été suffisamment dévoyée aux yeux des peuples pour que la plupart des travailleurs ne voient plus en elle, du moins pour l'instant, la réponse à leurs aspirations de changement ou, à travers elle, la perspective probable d'un monde meilleur. Et cela d'autant plus que la politique économique et sociale de la Chine, toujours dirigée par un parti communiste alors qu'elle baigne dans le marché capitaliste, ne fait qu'ajouter à la confusion. Sans revenir sur le fond de la question, largement traité dans la partie *écomunisme* du livre *Pour sortir du capitalisme,* tentons de dégager quelques points forts susceptibles d'éclairer à nouveau celle-ci. Depuis bien longtemps, les travailleurs ont ressenti le besoin de s'associer pour combattre le capitalisme exploiteur. Ils ont réussi à le faire au prix de leur sang après de longues et âpres luttes, imposant à la bourgeoisie montante et son pouvoir d'État la légitimation de leurs syndicats et de leurs partis politiques. Ils l'ont fait au niveau national et international, ayant rapidement compris la nécessité de répondre aux velléités d'un capital monopoliste et outrancier. Voilà pourquoi il est utile de revenir sur le parcours glorieux et douloureux de ce qui fut et est encore pour partie le mouvement international des travailleurs.

L'association internationale des travailleurs, plus connue sous le nom de *Première Internationale*, fondée en 1864, vient de loin. Uniquement composée de travailleurs, elle se place dans la continuité idéologique des mouvements révolutionnaires de 1848, avec une orientation socialiste en rupture avec le républicanisme, et se donne comme objectif d'unir les prolétaires pour leur émancipation au-delà des divisions artificielles créées par les États-nations. Marx y participe et affirme que « *l'émancipation des travailleurs doit être l'œuvre des travailleurs eux-mêmes (…), l'émancipation définitive de la classe travailleuse, c'est-à-dire pour l'abolition définitive du salariat.* » La barre est placée haut et les éléments constitutifs de cette association sont très hétérogènes. S'y côtoient des réformistes, des anarchistes et des socialistes. Son développement est modeste et le Congrès de Genève en 1866 compte seulement soixante délégués, représentant 25 sections et 11 sociétés adhérentes venant de France, de Suisse, d'Allemagne, d'Angleterre, rapidement élargies à l'Italie, l'Espagne, la Belgique, la Hollande et la Grèce. Mais les dissensions entre les tenants de la ligne « mutuelliste », soutenue par les anarchistes, et la ligne « collectiviste ou communiste », portée par les marxistes, redoublent après la chute de la Commune jusqu'à la scission en 1872. Sans entrer dans les détails, et au-delà des péripéties qui font dire à Bakounine : « *Dans les neuf dernières années, on a développé au sein de l'internationale plus d'idées qu'il n'en faudrait pour sauver le monde, si les idées pouvaient le sauver* », soulignons dans cette internationale l'idée que « *l'émancipation sociale des travailleurs est inséparable de leur émancipation politique* » et qu'elle ne se prétend « *ni fille d'une secte, ni d'une théorie* ». Elle est le produit du mouvement prolétaire et, surtout, elle tente de faire cohabiter en son sein des courants politiques très différents dont l'objectif d'alors était déjà la rupture avec le capitalisme et l'émancipation des travailleurs.

Certes, l'étape qui suivit, à travers la IIe, la IIIe et la IVe internationale, n'est pas des plus glorieuses : l'une sombrant dans la social-démocratie de marché et les deux autres dans un sectarisme de parti que n'auraient sans doute pas renié les staliniens d'antan. D'ailleurs, je suis toujours frappé par les orientations politiques de certains tenants du marxisme-léninisme qui, partant des analyses sur le capitalisme plutôt pertinentes, continuent à soutenir sans faille ce que nous lègue concrètement la brève histoire du léninisme. Non que, disant cela, nous devions nous interdire de tirer des enseignements des thèses de Lénine, mais pour que les applications qui en ont été faites par le système soviétique puissent être honnêtement critiquées. Nul ne peut oublier leurs épisodes douloureux, même si le capitalisme y a grandement contribué, et il n'est pas possible de prétendre œuvrer pour l'émancipation des peuples si l'on refuse d'en tirer objectivement les leçons. Voilà pourquoi on ne saurait soutenir certains documents d'organisations se réclamant du marxisme-léninisme qui osent encore écrire : « *Bien qu'aujourd'hui les exemples de l'URSS et de l'Albanie socialistes appartiennent au passé, ils restent d'actualité pour comprendre ce que les ouvriers, dirigés par leur parti de classe, devront faire pour renverser le régime impérialiste guerrier, le garder en échec et maintenir le prolétariat au pouvoir dans le prochain État socialiste, avenir de l'humanité.* » Non ! Qu'il soit bien clair que la démarche à laquelle nous tentons de réfléchir ici n'a rien de commun avec ces diatribes d'un autre temps qui n'ont pour effet que de détourner plus encore les travailleurs d'un idéal marxien éclairé. Alors, qu'en est-il concrètement des forces sociales et politiques, organisées au niveau national et international, supposées défendre la cause des travailleurs ? Car, pour reprendre la formule de Bakounine, « *ce qui importe avant tout aujourd'hui, c'est l'organisation des forces du prolétariat.* »

Disons simplement, pour en fixer les grandes lignes, que ces courants politiques, qui s'affrontent ou cohabitent au niveau national ou international, sont enlisés dans la « *gestion sociale-libérale de marché* » ou progressivement en passe de l'être. On les retrouve dans les partis sociaux-démocrates regroupés dans la toujours présente et encore puissante *Internationale socialiste* issue de la IIe internationale et dans les partis adhérant au *Mouvement communiste international*, actuellement appelé *la Conférence internationale des partis communistes et ouvriers* issue de la défunte IIIe Internationale (devenue successivement Komintern et Kominform) qui ne pèse que d'un poids relatif, bien que sensible aux idées sociales-démocrates, et qui chemine à petits pas, voire à grands pas pour certains de ses partis adhérents, vers une politique de gestion humaine et sociale de l'économie de marché. Le *Mouvement de la gauche européenne* s'associe à cette ligne. D'autres courants politiques sont rassemblés autour des orientations trotskistes minoritaires issues de la IVe Internationale et regroupés pour certains dans *l'Entente internationale des travailleurs et des peuples*, alors que d'autres, plus minoritaires encore, se retrouvent dans l'*Internationale des fédérations anarchistes*. Du côté syndical, 176 millions de travailleurs regroupés dans la Confédération Syndicale Internationale (CSI), issue de la Confédération Internationale des Syndicats Libres du Travail et de la Confédération Mondiale du Travail (à présent minoritaire), se trouvent entraînés dans des orientations collaborationnistes et réformistes. Les syndicats encore adhérents à la FSM, en perte de vitesse depuis la chute de l'Union soviétique, sont représentés par des dirigeants syndicaux qui n'ont pas rompu avec le concept « *de courroie de transmission des partis communistes révolutionnaires* ». Ma critique n'est nullement partisane, je viens de cette histoire ouvrière et, pendant près de 40 ans, je fus moi aussi un des « *porte-voix* » de cette ligne politique et syndicale sectaire.

Cependant, bien naïfs sont ceux qui croient que l'on peut encore passer un compromis social ou amadouer le capitalisme. S'il y a eu de tels moments dans l'histoire, notamment avec l'association capital/travail propre à certains États sociaux-démocrates en Occident, ou durant la période de guerre froide avec les pays de l'Est, ou encore à partir de certains projets nationaux populaires du Sud et du Moyen-Orient, nous ne sommes plus dans ce contexte aujourd'hui. Après l'implosion du « socialisme réel », le conflit oppose directement le capitalisme des monopoles mondialisés aux travailleurs et aux peuples sommés de capituler sans condition. Voilà pourquoi les stratégies de collaboration et de résistance sont condamnées à l'inefficacité. Plus on abandonnera le terrain de la lutte des classes, plus il sera difficile de développer des stratégies qui permettent à la classe ouvrière de passer à l'offensive. Patronat et capital en voudront toujours plus. N'envisagent-ils pas, alors que la quasi-totalité du front syndical cherche le compromis social, à l'affaiblir encore plus, tentant partout où cela est possible de lui barrer la route, voire à terme de se passer de lui. Sur ce plan, le président du MEDEF français a déjà donné de la voix. Il en va de même sur le plan politique. En 2006, avant les élections municipales et législatives du 16 octobre, le ministère de l'Intérieur de la République tchèque, membre de l'UE, déclara hors-la-loi la Jeunesse communiste tchèque au motif que son programme défendait la transformation de la propriété privée en propriété sociale. Ce qui revient à dire que la pensée communiste qui revendique la propriété sociale des moyens de production et d'échange est un crime.

Les choses doivent être regardées en face : alors que l'internationale du capital, déguisée sous l'habit des chambres de commerce internationales, de l'OMC, du FMI, etc., et appuyée par l'Internationale des partis libéraux et sociaux-libéraux, peaufine sa structuration, les travailleurs auraient tort de ne pas se donner les moyens d'en contrecarrer les objectifs en créant eux aussi leurs nouvelles bases de coordination internationale. En ce sens, je rejoins l'idée avancée par Samir Amin de revenir aux concepts partagés par Karl Marx en son temps d'une Internationale des travailleurs. Amin lui a donné le nom de *Cinquième internationale*, alors que, pour ma part, j'avance plutôt l'idée d'une *Association Internationale des travailleurs et des peuples*. Mais qu'importe. L'essentiel est que ces objectifs et ces orientations, sans coup férir, puissent se compléter. Et comme le souligne Samir Amin : « *Des initiatives ont déjà été prises dans le sens de la précision des objectifs de stratégies de convergence qui correspondent à la vision du défi proposé ici. (...) l'ouverture du Forum social mondial polycentrique 2006 (Bamako et Caracas) a été consacré précisément à débattre de ces propositions de stratégie de lutte et de construction de la convergence dans la diversité (...) Elle concerne donc tous les peuples, du Nord et du Sud, puisqu'elle fait référence non au seul prolétariat, mais à l'ensemble des classes et couches populaires victimes du système, à l'humanité dans son ensemble, menacée dans sa survie. (...) La solidarité des peuples du Nord et du Sud ne peut être fondée sur la charité, mais sur l'action commune contre l'impérialisme.* » Il conviendra aussi de tenir compte de l'ensemble des parcours historiques tout au long desquels se sont constituées les nations dominantes ou dominées, les particularités et le poids respectif du capital qui cherche à asseoir sa domination dans chacune d'entre elles, les différences culturelles et religieuses qui ne doivent cependant pas masquer la seule et vraie différence : la différence de classe. Il nous faudra aussi tenir compte du développement des luttes des forces productives et paysannes que la révolution scientifique et technique va bousculer à travers une nouvelle organisation du travail et en partie exclure, compte tenu du nombre plus restreint des emplois disponibles. En un mot, il nous faudra construire la convergence avec les travailleurs dans la diversité et non chercher à le faire à leur place.

Rien ne sera plus comme avant

Même si l'idéologie bourgeoise parvient à faire légitimer par les États l'extension de sa logique économique à des sphères autrefois formellement préservées du capital : l'école, la culture, les services publics, etc., il y a, à travers ce processus de « capitalisation » de l'ensemble de la société, une tendance qui entrera de plus en plus en contradiction avec les attentes des classes populaires. Mais, comme nous venons de le voir, cela suffira-t-il pour faire naître la révolution ? Partir de la situation économique pour comprendre l'état du monde est assurément la démarche la plus simple, mais ce n'est pas la seule. La Révolution de 1789 couvait depuis la révolte nobiliaire de 1787 contre la réforme des impôts mise en place par un État en faillite financière, alors que l'acte fondateur de la révolution des Œillets au Portugal était surtout lié à la situation politique fasciste et coloniale du pays. Dans chaque cas, il se trouve un acte ou des actes déclencheurs, d'où la fameuse expression : « *C'est ce qui a mis le feu aux poudres* ». Mais pour que la révolution ait lieu, il faut que les conditions intérieures et extérieures s'y prêtent. Ainsi, on n'en peut confondre les effets et les causes. Cela permet de comprendre comment la classe dominante en bout de course peut utiliser la force, mais, ayant atteint ses limites, elle apparaîtra négative à la société. C'est ce qui vient d'arriver en Tunisie et en Égypte où la bourgeoisie elle-même ne croyait plus à la validité de son propre système policier, mais comme les conditions sociales, politiques et économiques n'étaient pas en tout point réunies, l'acte ou les actes déclencheurs de la révolution n'ont pas suffi pour l'instant à l'entraîner au bout de sa légitimité. On dit souvent : il faut que le peuple s'en mêle. Bien sûr, mais pour faire quoi ? Ce qui se passe aujourd'hui en Ukraine répond à l'interrogation. Il y a une confusion extrême qui peut entraîner une déstabilisation de la situation au profit d'éléments nationalistes et extrémistes qui s'infiltrent dans le mouvement de protestation général et réussissent à se faire accepter par le peuple tout en radicalisant leur action. Ces oppositions musclées rapprochent l'Union européenne et l'extrême droite qui se rejoignent en vue de déstabiliser le pouvoir corrompu d'Ianoukovitch et d'empêcher son alliance avec la Russie. À qui fera-t-on croire que ce sont les lois liberticides qui ont mis le feu aux poudres ? L'affrontement entre la triade, la Russie et la Chine, vient peut-être de commencer ici : dans les rues de Kiev. Car la question essentielle est bien de mesurer le niveau de la conscience de classe de ceux qui, partant d'une situation économique, sociale, politique insupportable, tentent d'aller vers une autre société en rupture avec l'ancienne. Certains s'imaginent que le critère numéro un d'une révolution n'est pas à chercher du côté des opprimés mais des oppresseurs. Ce sont eux, disent-ils, qui sont à l'origine de la crise puisque le système qu'ils ont mis en place ne parvient plus à fonctionner et c'est de cela que doit se nourrir le mouvement social ; et si les classes opprimées n'ont pas été préparées à cette confrontation, leur conscience de classe grandira dans l'action. Cette vision, pour le moins, fait peu de cas des contradictions profondes, qui s'affrontent en période de crise entre travailleurs et capital, sur lesquelles il est important de revenir ici.

Non seulement la crise induit la stagnation, la baisse générale du niveau de vie, la misère profonde du plus grand nombre et l'enrichissement scandaleux d'une poignée de nantis, mais la colère des peuples est exacerbée par le profond cynisme des classes dominantes néolibérales, sociales-libérales et leurs valets médiatiques, qui prétendent maintenir les bases d'une protection sociale durement acquise alors qu'ils la cassent ou empêchent sa création. Ils détournent ainsi les ressources publiques de leur destination initiale au profit d'un système financier vérolé par les grands groupes capitalistes, tout en laissant croire qu'ils les gèrent au mieux. Dans cet affrontement de classe, trois niveaux antagonistes au capital apparaissent : le conflit d'intérêt matériel à travers le déni de reconnaissance de l'homme producteur, le mépris social et le déni de société. Ces trois contradictions majeures se structurent elles-mêmes autour de trois pôles fondamentaux : l'économie, l'État et la société civile. En prônant la soumission de la société à l'économie (« *La société, ça n'existe pas* », disait Thatcher) et du salariat global au capital, c'est bien la dissolution généralisée des solidarités de classes qui est visée. C'est pourquoi le capitalisme est contraint de trier dans sa panoplie de ruses celle qui lui permettra de gagner au mieux l'esprit des travailleurs à son illusion consumériste. Et sur ce plan, le poids de *l'enjeu parabole* demeure déterminant.

Le capital sait bien que la sortie de crise n'est pas à rechercher, en l'état actuel, dans un nouveau mode de régulation « néo-keynésienne », même si cette ancienne ruse conserverait les traits essentiels du capitalisme, à savoir l'orientation de l'économie en fonction du seul impératif de profit. Les cinq piliers sur lesquels il repose aujourd'hui : libre circulation des marchandises et des capitaux, subordination des États aux seuls objectifs du profit, privatisation généralisée, flexibilité et précarisation du travail, pouvoir absolu des actionnaires dans l'entreprise, ne laissent aucune place à la pseudo relance keynésienne. Sous l'impulsion du capital et des États, la vague de crapuleries financières, que l'élite économique appelle innovations, échappe à présent à tout contrôle et le capital n'a d'autre choix que la confiscation des gains de productivité pour maintenir au mieux, à travers l'inexorable accumulation, son taux de profit. L'effondrement théorique de ce système économique n'est donc pas une chimère.

La Chine elle-même, principal moteur de la croissance économique mondiale, voit pour la première fois son taux d'endettement atteindre 200 % de son PIB, alors que les États-Unis tournent toujours autour des 350 %. Et il faut s'attendre dans les mois à venir à de gigantesques faillites bancaires et productives que les États devraient à nouveau s'empresser d'endiguer par des injections massives d'argent public qu'ils ne possèdent théoriquement plus. Certes, il leur reste une nouvelle explosion des déficits publics et/ou l'activation de la planche à billets. Mais la crise est si profonde que les piliers mêmes du capitalisme en deviendront politiquement peu défendables, tout du moins à l'intérieur des institutions actuelles. Par ailleurs, la sophistication productive, liée aux avancées technologiques et informatiques, oblige le capital à concentrer ses unités de production dans des oligopoles en capacité de produire en très grande série pour amortir les gigantesques coûts d'investissement et de recherche que requièrent ces nouveaux modes de fabrication. C'est pourquoi la consommation doit être massifiée et uniformisée ; ce à quoi s'emploie, entre autres ruses, la manipulation publicitaire. Mais ces nouvelles conditions de production entrent en contradiction non seulement avec le système productif et commercial classique, générant chômage massif et casse industrielle, mais fragilisent une économie en crise qui ne sait plus comment gérer ces nouveaux flux de marchandises ne trouvant plus massivement preneurs dans une période de stricte austérité. De plus, ce système profiteur et consumériste arrive pratiquement aux limites écologiques de son extension productive. En bref, l'immense inégalité structurelle de la nouvelle économie mondiale et l'énorme gâchis environnemental qu'elle engendre ne peuvent plus être soutenus par les seuls mécanismes consensuels de « régulation sociale », d'où la marée de rébellion ouvrière et populaire que l'on sent poindre, notamment dans les pays du Sud.

Dans ce scénario noir, la porte reste ouverte à tous les possibles : depuis le 3e conflit mondial au néofascisme ou à la force montante d'un large front social éclairé. Voilà pourquoi se pose la question de savoir si, à ce stade de « l'avancée capitalistique », les classes dominantes vont accepter que des mouvements sociaux et des acteurs politiques nouveaux mettent réellement en cause leur pouvoir de classe. Si une alternative émancipatrice existe, elle devra émerger du monde tel qu'il est, à savoir de ce grand surplus pour le capital de populations exclues de l'économie productive, jetées en marge de la société, soumises à des systèmes de survie ou de contrôles sociaux sophistiqués, qui habitent une planète de misère et ne connaissent de la vie que ce cycle mortel de spoliation-exploitation-exclusion. Ou de ces millions de petits paysans rejetés et marginalisés par une agriculture intensive exclusivement profiteuse et ruineuse, mais aussi de ce grand mouvement montant des nouvelles classes ouvrières du tiers-monde et celles des pays développés durement frappées par la crise béante, ainsi que de l'ensemble des couches travaillant à la périphérie du monde productif que l'on nomme à tort « classes moyennes ».

Les forces actives et mobilisables sont là, au cœur même de cette magnitude sociale et de cette violente exploitation humaine. Il faut dès lors que de nouvelles forces politiques et intellectuelles leur parlent un langage qui les différencie des autres par le simple fait qu'il les invite à sortir du capitalisme. Cette espérance de justice sociale et de démocratie est à construire avec ces millions de travailleurs et de travailleuses en attente de changements. Le capitalisme n'est pas un horizon indépassable, un autre réel est possible. Il ne tient qu'à nous d'y travailler.

Combat pour l'émancipation humaine

Rôle historique du combat pour l'émancipation humaine : succès et échecs jusqu'à nos jours

Avant d'examiner la question du rôle historique du combat pour l'émancipation humaine et d'en découvrir les succès et les échecs, nous tenterons de donner une définition matérialiste de la notion d'aliénation car celle-ci, généralement comprise en philosophie comme la dépossession de l'individu au profit d'autrui, ne rend pas réellement compte de l'aliénation sociale de la classe exploitée par le système capitaliste. L'aliénation chez Hegel renvoie à un fait ontologique : l'être humain, à la fois sujet et objet, est compris comme un processus infini par lequel il peut parvenir à la conscience de soi et acquérir un nouveau contenu. Chez Feuerbach, elle est ramenée au phénomène religieux qui aliène l'homme dans l'idée de Dieu. Tandis que pour la Boétie, c'est l'idée de la servitude volontaire qui domine. Quant à Rousseau, il met surtout en avant la restriction de la liberté naturelle au profit de la puissance publique.

Cependant, nul mieux que Marx n'a compris que l'aliénation de l'homme s'instaure lorsque son activité humaine est dépossédée de sa finalité immédiate et que, contraint par l'impératif des lois économiques qui échappent à sa compréhension, « *l'homme est rendu étranger à l'homme* ». Sans doute est-ce pour cela que la psychologie sociale aux États-Unis désigne le sentiment de dépossession comme principal facteur aliénant plutôt que l'état objectif lui-même, empêchant par là le travailleur de percevoir l'aliénation comme étant le résultat des conditions sociales que la société capitaliste lui impose et non comme une situation subjective de l'acteur en tant qu'individu. Il en va de même de la thèse situationniste, développée en 1973 par Jacques Ellul dans son livre *Les Nouveaux Possédés*, selon laquelle le signifiant et le déterminant de l'aliénation, c'est la technique : elle aliène l'homme qui s'obstine à la croire neutre, voire la sacralise, et dans cet aveuglement, « *le conformisme est parti pour devenir le totalitarisme de demain* ». Ou encore Fabrice Madouas qui analyse l'aliénation, seulement à travers la pornographie instrumentalisée par la société marchande et profiteuse, comme une sorte d'enfermement de l'homme et de la femme tout en feignant de les libérer.

Plus globalisants sont les travaux de Stéphane Haber sur le concept d'aliénation objective qui voit dans certaines forces sociales, certaines institutions (l'argent et la technique notamment), un détachement du monde social qui se met à fonctionner selon une logique autonome et nuisible, livrant ses « objectivités détachées » à un accroissement sans fin, s'opérant bien souvent au détriment de la vie. Quant au géographe marxiste David Harvey, il nous montre que l'accumulation par l'exploitation n'est qu'un des visages du capitalisme et que si nous la prenons de façon exclusive, elle risque d'occulter ce qu'il nomme « l'accumulation par dépossessions », qui n'est autre que la privatisation des entreprises publiques, la restitution au privé des droits collectifs comme la retraite, etc. Son paradigme, dont nous avons déjà parlé, ne rend pas suffisamment compte ici du contenu concret du passé et du présent de l'aliénation historique. Car objectivement, qu'est-ce qui a changé dans la pratique du capitalisme aujourd'hui (que certains nomment néocapitalisme) qui exigerait une lecture plus fine de l'aliénation que celle qu'en a donné Marx, même si nous en élargissons le concept au travail de l'esclave qu'il distinguait du travail du prolétaire ? Peut-être, comme nous l'avons déjà souligné dans *l'enjeu parabole*, le fait qu'en plus de l'exploitation par dépossession de la force de travail de l'homme producteur, le capitalisme cherche à entremêler sa logique d'accumulation-consommation à l'existence même de l'homme. C'est-à-dire un dépassement du seul contrôle de la dynamique expansive du capital au profit de l'idée selon laquelle le sens intrinsèque de la vie ne serait autre que la recherche permanente d'un enrichissement pécuniaire.

Après ce bref rappel liminaire et avant d'en venir aux succès et aux échecs du combat pour l'émancipation humaine, rappelons combien, selon les conditions historiques, il est difficile de l'entreprendre. Car si nous sommes libres aujourd'hui de nous associer en groupe pour changer les conditions sociales et politiques de la société (tout du moins dans les « démocraties » capitalistes), n'oublions pas que les classes dominantes ont pu contraindre nos aînés en mettant leur capital financier et leurs multinationales au service de la pire idéologie aliénatrice : le nazisme. Tel pourrait être le point de départ de notre constat sur l'ampleur et la difficulté de la chose.

En effet, même si les tentatives d'émancipation de l'homme au cours de l'histoire n'ont pas fait défaut, depuis la révolte de Spartacus, esclave de la Rome antique et de ses coreligionnaires, jusqu'à la Révolution de 1789 en passant par la Commune de Paris en 1871, leur victoire pour sortir l'Homme du joug des classes dominantes est toute relative. D'ailleurs, ces combats tendent à montrer que l'émancipation ne saurait se réduire à la seule révolte ou aux révolutions bourgeoises. Pour que l'émancipation humaine soit effective, il faut qu'elle émane d'une véritable action collective, consciente et maîtrisée des travailleurs, soutenue par un projet révolutionnaire clair. Et si le communisme de Marx et d'Engels définissait la base d'un idéal sur lequel la réalité devait un jour se régler, les partis communistes, qui historiquement s'en voulaient les porteurs, non seulement n'ont pas permis d'avancer dans la voie de l'émancipation humaine, mais en ont en quelque sorte reflété la négation. Devons-nous en conclure que leur limitation ou leur échec sont essentiellement le fait d'un combat qui ne liait pas suffisamment les dimensions économiques, sociales et culturelles (certains diraient aujourd'hui sociétales), aux pratiques émancipatrices énoncées ? Ou bien que l'émancipation humaine ne peut être réduite à sa seule dimension économico-politique, quand bien même cette dernière prend un caractère international ? Ou encore que l'abolition de la propriété privée – appropriation concrète par la classe bourgeoise du travail de l'homme – ne doit pas être comprise comme une simple dépossession matérielle, mais comme une dépossession ayant un caractère universel qui s'approprie la vie de l'être humain en tant qu'être total ? À moins que ne s'ajoute à tout cela l'idée non réductible chez Marx, dont nous avons déjà parlé, que l'émancipation de l'homme ne peut être que l'œuvre de l'homme lui-même et qu'elle ne saurait dépendre des partis ou États (quel que soit le contenu de leurs projets) qui s'en prétendent les porteurs. L'affaire est bien trop sérieuse et urgente pour en différer l'objectif. Et les millions de prolétaires à travers le monde, du Bangladesh, du Cambodge, d'Afrique du Sud et d'ailleurs, dont la pression drastique à la baisse des coûts de production imposées par les multinationales se solde par des conditions d'exploitation et de vie proches de l'esclavage, ne sauraient attendre, pas plus que les peuples des pays arabes en lutte contre les dictatures despotiques et les intégrismes religieux. Dans ce contexte, la recherche croissante d'une emprise globale du capital et de ses superviseurs sur les masses surexploitées des pays émergents ne peut déboucher à terme que sur de nouveaux cycles de contestation qui, à travers la remise en cause des conditions d'exploitation et d'aliénation, interpellent le capitalisme lui-même. Et pour peu que les forces authentiquement révolutionnaires éclairent politiquement et idéologiquement la situation générale, sans se substituer aux masses en luttes, un nouveau front de classe pour l'émancipation humaine devient alors objectivement possible.

Pour autant, malgré l'alternative concrète que représente une telle perspective, nous ne devons pas oublier l'ensemble des luttes des travailleurs des pays « développés » qui subissent eux aussi l'exploitation sociale, économique et culturelle, dans une situation également dégradée. Ou d'autres formes de luttes citoyennes, tout aussi contestataires, à l'intérieur de la société civile. Ou encore celles fomentées par la petite paysannerie tiers-mondiste, voire occidentale. Ainsi, ce cadre de classe convergent étant enfin proposé, l'idée qu'une démocratie authentique et transitoire serait apte, malgré sa dualité non apparente avec l'action hors tutelle des instances étatiques actuelles, à se substituer à l'ordre capitaliste existant, pourrait bien devenir à terme l'axe facilitateur de ce réel et exaltant combat pour l'émancipation humaine.

De la nécessité de mettre en œuvre l'écomunisme (*)

Disons tout d'abord que l'*écomunisme* ne prétend pas à l'universalisme. Aucune idéologie, fût-elle utile à un certain moment de l'histoire, ne saurait borner le développement de la condition humaine qui, par essence, demeure infini. De ce point de vue, notre idée d'*écomunisme* doit être comprise comme une étape nécessaire pour atteindre la nouvelle phase historique que parvient encore à contenir le capitalisme prédateur. Dans le livre *Pour sortir du capitalisme*, à la question pourquoi avoir créé le mot *écomunisme*, j'ai répondu : « Parce qu'il n'existait pas de terme pour désigner : la maison (la terre) de la mise en commun des biens et des services. » D'où l'autre questionnement ouvert par les théories sociobiologiques avançant l'idée d'un capitalisme inévitable parce qu'il correspondrait à la nature même de l'individu et la réponse sur la fausseté d'un concept pseudo scientifique contrevenant aux connaissances anthropologiques modernes qui valident pour l'essentiel l'idée qu'il y a bien eu dans les sociétés primitives et qu'il existe encore dans certaines communautés actuelles des groupements humains capables de vivre entre eux sans aucune notion de hiérarchie ou d'intérêt. Ainsi, l'idée selon laquelle le destin naturel de l'homme serait celui d'une espèce animale condamnée à vivre dans la compétition ou le darwinisme social est écartée. Le communisme primitif nous montre que l'homme peut vivre au-dessus de sa condition animale et n'est nullement gouverné par ses pulsions de mort, de possession ou de domination.

Mais alors, pourquoi serait-il utile d'outrepasser le concept de communisme qui nous donne déjà à comprendre que l'homme n'est pas soumis à une nature humaine permanente dominée par l'égoïsme et l'esprit de concurrence et que la notion d'altruisme et de partage construit l'être social ? Parce

---

* Vous pouvez commander le ***Manifeste de l'Alternative Écomuniste*** paru chez Fance-Libris (7€) en écrivant à : *espacecollectif_liberte@yahoo.fr*

que sa version révolutionnaire, à travers la mise en œuvre « du socialisme réel » qui a fait le choix d'un parti unique autour du culte d'un chef, du rôle quasi exclusif de la production dans la construction du socialisme (négligeant d'autres facteurs qui ne relèvent pas de la seule possession du capital économique), de la verticalité étatique dictatoriale de sa gouvernance politique, du refus d'impliquer pleinement les travailleurs dans la construction de la société nouvelle, de la centralité réductrice qui tend à niveler l'homme autour du concept d'égalitarisme accompli par la dictature du prolétariat ou la révolution culturelle, va à l'encontre de la nécessité de mettre en œuvre un combat de classe s'appuyant sur une pratique respectant la diversité humaine et sur l'émulation de tous dans le strict respect des libertés de chacun.

Sans reprendre ici les dix fondements singuliers de l'*écomunisme*, disons que plus qu'un idéal dans le prolongement de la pensée marxienne, il se veut d'abord nouvelle pratique révolutionnaire. Pratique de l'incontournable nécessité d'agir dans le respect de la diversité des divers courants révolutionnaires, de s'appuyer sur notre égale différence qui fait de chacun d'entre nous une égalité et une singularité dans l'émulation constructive qui nous relie positivement à tous, de mettre en oeuvre sans attendre d'avoir surpassé la société de classe l'apprentissage du partage libérateur, de valoriser l'esprit de laïcité dans la construction d'une pluralité citoyenne, de surmonter les limites du volontarisme et de l'étatisme autour de nouvelles solidarités à construire, de contribuer sans délai à la préservation des équilibres biosphériques à la base des états naturels de la planète, de s'appuyer sur les éléments du peuple les plus aguerris (sans en faire une avant-garde), ouvriers, employés, techniciens, ingénieurs, intellectuels, petits paysans, etc., en capacité de créer une force dynamique et consciente nécessaire à l'émergence d'une action de masse susceptible d'accélérer la fin du capital. En clair, il s'agit de faire de l'*écomunisme* le synonyme du quotidien de la part de chacun et de tous aux combats de classe pour commencer à changer la vie sans attendre. L'*écomunisme* est donc d'abord une théorie et une pratique qui cherche à rendre les individus non étrangers à eux-mêmes et non réductibles à l'exploitation du capital, mais aussi conscients de *l'immense erreur* que le marxisme, à travers l'expérience du « socialisme réel », n'a pas su éviter. À partir des enseignements de l'histoire et de la réalité des rapports sociaux – transformés dans leur ensemble par la marchandisation mondiale en forces extérieures sur lesquelles peu à peu les peuples exploités n'ont plus de prise –, il cherche à construire collectivement la nouvelle société désaliénée. Avoir la volonté de faire en sorte que tous les membres de la société puissent agir en conscience, en tant que sujets politiques rejetant la réduction exclusivement économiste du monde sous la domination du capital, ouvrir à tous la possibilité de mettre en œuvre des modes de coopération et de solidarité hors du seul choix permanent de la soumission des hommes aux lois du marché et du profit, voilà l'alternative concrète de confrontation de classe que propose l'*écomunisme*.

Dans ce cadre, et avec la démocratie impérative comme boussole des forces sociales qui visent l'émancipation humaine, nous ne saurions nous interdire d'engager une lutte déterminée contre toutes les règles de l'organisation sociale, économique et politique qui entravent la lutte des classes et les libertés publiques. Entreprendre un combat sur ces bases, par des actes locaux, régionaux, nationaux, internationaux non de résistance mais dans la version postmoderne d'un changement de paradigme révolutionnaire qui prend acte de l'effondrement du communisme étatique et inscrit sa démarche de vérité à un niveau global, cela revient à reléguer le capitalisme à l'arrière-plan dénaturalisé de son caractère indestructible et à ouvrir grande la porte à un nouvel épisode politique confortant toutes les forces d'auto organisation collective, capables de nous libérer des contraintes intérieures et extérieures du Capital-État.

Il n'en demeure pas moins que même si nous engageons sans attendre toutes ces alternatives émancipatrices, notamment en mettant en place d'autres bases de coopération économique, politique et sociale entre des individus volontaires et aguerris, le chemin pour acquérir une audience de masse ne saurait se passer objectivement de toutes les autres forces et formes d'actions plus traditionnelles : syndicales, électives, juridiques, sociétales, en un mot constitutionnelles, même si nous en connaissons les limites. Il est temps de contrecarrer les idées des « nouveaux philosophes » et autres idéologues néo-libéraux et sociaux-démocrates qui polluent le champ intellectuel et ouvrier et font le lit du vrai totalitarisme imposé par le capital. Cela suppose de passer outre le collaborationnisme, le sectarisme et l'esprit pragmatique de tous ceux qui se réclament d'une gauche en dehors de la lutte des classes et dont les frontières politiques et les perspectives sociales n'ont d'autres fins qu'une réforme à la marge de l'économie de marché. La privatisation des moyens de production et d'échange qui s'impose encore aux travailleurs, avec ses dégâts et son inefficacité sociale, économique et écologique, nous conduit à revenir sur la nécessité de leur appropriation collective et à rechercher de nouveaux moyens d'élaboration d'une rationalité économique et sociale fondée sur une autogestion planifiée et participative des besoins.

La vraie question dont nous sommes les porteurs est celle-ci : comment faire pour émanciper les individus et les peuples dans un même mouvement qui tisse lui-même un lien social nouveau dont l'humanité a besoin, sans accepter les médiations du capital qui polluent les valeurs de liberté et d'égalité à l'origine de notre véritable dimension historique ? Faute de comprendre la nécessité de devenir acteur de ce potentiel d'émancipation populaire, qui doit parvenir à résoudre par la dialectique de l'universel et du particulier le choix « communautariste de classe » susceptible de nous délivrer de l'univers glacial et uniformisé du marché, l'idéal *écomuniste* ne sera qu'une lumière théorique parmi d'autres sans prise directe sur la réalité du capitalisme absolu. Travailler à l'émergence parmi les peuples d'un nouveau rapport de classe déjà en gestation contre le capital : voilà le fond du vrai combat révolutionnaire aujourd'hui.

La nouvelle phase historique

Les signes de la décadence bien réelle du capital, évoqués tout au long de ce livre, sont-ils suffisants pour avancer l'idée d'une nouvelle phase historique ? Après tout, la décadence de Rome ou de la royauté a longtemps survécu aux changements politiques annoncés qui amenèrent à la féodalité et aux révolutions. Mais avant de répondre plus complètement à la question : qu'entendons-nous concrètement par nouvelle phase historique ? L'ouverture à la nouveauté, par exemple lorsque le progrès de la science a permis à Copernic d'abandonner la représentation géocentrique du cosmos (Système de Ptolémée) pour une construction héliocentrique de l'univers, selon laquelle la Terre n'était plus le centre du monde, annonçait-elle pour autant une nouvelle phase historique ? Car les progrès scientifiques et technologiques qui ont caractérisé la naissance de la « modernité », favorisant la transformation de la vie économique, sociale et politique, tout en permettant de passer graduellement à l'industrialisation à la source des nouvelles formes de production et de distribution, n'ont en rien contribué à supprimer les valeurs mercantiles et marchandes de l'exploitation et de la propriété privée. Certes, est apparue sur le plan proprement philosophique la notion nouvelle d'individu rationnel plus autonome, affirmant de plus en plus sa liberté de conscience et d'action face au pouvoir religieux et politique, mais ce n'est pas suffisant pour supprimer des intérêts de classe. Tout au plus, comme en 1789, les valeurs qu'elle sous-tend ont été codifiées.

Il faudra une longue et douloureuse expérience de la nouvelle réalité industrielle et capitalistique du monde pour que la classe ouvrière et les paysans les plus pauvres, éclairés par les idées marxiennes, en arrivent à créer les conditions d'un réel changement historique dont la Révolution bolchevik de 1917 et la Révolution maoïste de 1949 sont les principaux marqueurs. Je veux dire par là qu'on ne saurait confondre modernité et révolution. D'ailleurs, ceux que l'on nomme parfois à tort les penseurs postmodernes du XXe siècle, insuffisamment écoutés, ont déjà cherché à nous démontrer que si la pensée rationnelle a pu produire à partir des progrès de la science une vraie modernité technologique, celle-ci n'est pas pour autant libératrice. La modernité, nous dit Baudelaire, « *c'est le transitoire, le fugitif, le contingent, la moitié de l'art, dont l'autre moitié est l'éternel et l'immuable* » ; un éternel immuable transposable au conflit de classes auquel il ne peut être mis fin qu'à partir d'une nouvelle phase historique, celle dont j'entends vous parler ici.

Alors en quoi le projet d'une société post-capitaliste, sans frontière ni échange marchand, est-il plus perceptible et envisageable aujourd'hui malgré l'échec du « socialisme réel », la mondialisation du capital, la crise économique, les bouleversements des équilibres écologiques, le développement exponentiel de la technologie, en particulier les techniques de l'information et de la communication ? Tout d'abord, parce que tout cela contribue à faire grandir l'idée que cette logique capitaliste désastreuse ne peut demeurer éternellement la seule possible (comme l'atteste l'ensemble des actions et des contestations en cours à travers le monde contre le système) ; voilà pourquoi (et malgré l'absence de réelle visibilité d'un projet révolutionnaire qu'il nous faut rapidement reconstruire) l'idée que nous vivons dans la moins mauvaise des sociétés perd peu à peu du terrain. Ensuite, parce que l'idée selon laquelle la mise en réseau de l'extension de la sphère d'intervention du capital annonce un nouveau progrès (laissant croire qu'avec l'automatisation de la production et la communication planétaire, il n'y aura jamais plus de révolution) est en contradiction totale avec le nombre croissant des exclus et la barbarisation des rapports sociaux. Et ce n'est pas l'apparente technophobie ambiante, très en vogue dans cette période de crise généralisée, tendant à attribuer aux machines les responsabilités qui reviennent au système capitaliste lui-même, qui affaiblira le mouvement de contestation montant à travers le monde. C'est donc assurément la compréhension timide, mais bien réelle, des dégâts capitalistiques qui permet de commencer à travailler à un projet débarrassé des lois capitalistes et d'élargir les luttes ouvrant la voie à une nouvelle phase historique.

Ces éléments succincts, directement tirés des conditions économiques et sociales dans lesquelles le capital entend nous maintenir, doivent nous inviter à comprendre que les travailleurs seront bientôt prêts à faire leur propre histoire. Et même si les conditions objectives d'une transformation politique qui dépend de la conscience des hommes et des nouvelles pratiques rendues possibles pour changer les bases du système marchand ne sont pas encore réunies, la généralisation d'une conscience révolutionnaire anticapitaliste est en marche. Alors, c'est bien au rythme des effondrements financiers, des occupations des grandes places des capitales du monde, des révoltes et des insurrections, que nous devons analyser les défis contemporains que les classes travailleuses ont commencé à relever contre l'exploitation du travail humain ou le pillage des ressources naturelles. Et, plus généralement, contre tous ces nouveaux mécanismes de prédation et d'oppression et ces ruses du capital que les classes dominantes s'évertuent à mettre en place, y compris sur le plan militaire. C'est bien en cernant toutes ces réalités de classe du mouvement de contestation mondial en marche qu'on parviendra à mieux comprendre la vraie nature des nouveaux changements qui s'annoncent. Tout l'enjeu est donc de bien saisir l'ampleur du redéploiement en cours opéré par le capitalisme en crise, avec ses tentatives de conquêtes des temporalités humaines et des espaces territoriaux et agricoles, à la fois dans le domaine de la production de « richesses », qui ne correspondent pas aux vrais besoins des hommes et des femmes, et surtout à travers la privatisation et la captation de toutes les ressources disponibles par un nombre toujours plus restreint de profiteurs.

La nouvelle phase historique discutée ici n'est donc autre que celle de la sortie d'un système qui exploite et aliène les hommes, qui détruit les emplois, plonge des millions de gens dans la misère, défigure les paysages, pollue les eaux, les sols et l'atmosphère, épuise et pille les matières premières des pays tiers, cherche à briser l'homme producteur… Dans ce cadre ignominieux, qui voit se constituer les empires marchands contre les peuples, une nouvelle dynamique, certes composite, mais bien réelle, a commencé à mettre en cause l'imposture du capital séculier, qui touche à sa fin.

Conclusion

Non, le capitalisme n'est pas la fin de l'histoire

Et si sa propre fin ne peut être accélérée par cette farce que l'on retrouve à travers ce mot d'ordre trompeur : « *Il faut sortir de la crise* », elle peut l'être par la nécessité d'un changement historique. Au spectacle du capitalisme malfaisant, nous devons opposer l'idée de la sortie du capitalisme par le mouvement conscient et combiné des peuples autour d'un idéal *écomuniste*, renforcé par l'idée d'une émancipation humaine qui le dénonce comme puissance qui avilit et prostitue. En allant rechercher dans les théories de Marx ce qui permet de réinventer une souveraineté populaire en rupture avec le capitalo-parlementarisme, nous rendons à la pensée organisée sa légitimité révolutionnaire. Le monde capitaliste, nous venons de le voir, n'est pas un monde civilisé. C'est un monde de profit et d'oppression, d'inégalité féroce assumée comme une nécessité naturelle ; c'est le monde de la barbarie. Vieux lion gravement touché par les contradictions fondamentales de son propre système, il n'en est que plus dangereux aujourd'hui. Et si nous pouvons avancer l'hypothèse de sa fin probable, cela ne signifie pas qu'il est condamné à mourir de sa belle mort.

Les inégalités monstrueuses, qui accompagnent sa décadence, placent l'obscène exploitation de l'homme par l'homme et l'émancipation humaine en équilibre instable sur la balance qui peut pencher à tout moment vers la peste brune ou la révolution. Tant que ne s'installera pas dans les têtes la conviction profonde qu'on ne saurait continuer à confier l'organisation de la société à la concurrence des égoïsmes, la propriété privée et le profit, l'opposition sociale des travailleurs et des intellectuels se fera à la marge et les résistances, quand bien même elles seraient des plus courageuses, ne pourront faire plier le capitalisme grabataire et prédateur. D'autant plus que sa démocratie de surface masque la nécessité d'aller vers un mode de représentation du peuple plus légitime. Mais l'échec partiel de toutes ces tentatives fait néanmoins partie d'une expérience historique que l'on ne peut ignorer. Même si elles ne peuvent supprimer le problème dont elles ne proposent d'ailleurs pas la solution, l'essentiel est que celles-ci ne contribuent pas à obscurcir l'horizon de la démarche révolutionnaire nouvelle que nous pensons déjà engagée ou, pire encore, à conforter les néofascismes tapis sous le manteau d'un capital moribond.

Certes, l'idéologie est nécessaire, et s'il plaît à l'homme d'être porté par des mots et des projets justes et forts, ce qui demeure déterminant n'est autre que la dimension des conditions sociales et productives que le capital parvient présentement à lui imposer. Dans ce contexte, le travail politique et intellectuel est difficile. Mais plus difficiles encore sont les luttes et le développement des organisations de masse qui doivent être mises en œuvre pour que le capitalisme soit stoppé. Leur attribut n'en incombe ni à la philosophie ni à la politique, mais aux masses travailleuses elles-mêmes. Et bien que l'hégémonie du capital et la démocratie falsifiée pèsent lourdement sur le monde du travail, ces difficultés ne parviennent pas à empêcher que s'installent sur la scène nationale et mondiale grèves, protestations, mouvements, révoltes, situations prérévolutionnaires, etc. Tout cela est de bon augure pour l'avenir et pour peu que la solidarité de classe s'organise à l'échelle locale, nationale et internationale, les potentialités de lutte s'en trouveront renforcées. Nous voilà donc au commencement d'une nouvelle séquence qui rend à la fois possible d'avancer au niveau philosophique et idéologique et au niveau d'une nouvelle pratique du combat de classe, à condition, bien évidemment, que ce mouvement naissant ne se laisse distraire ni par des diversions millénaristes dont l'écologie réformiste est un des dignes représentants, ni par l'affirmationnisme d'une gauche gangrenée par le courant social-démocrate, ni par les visées nationalistes et xénophobes d'un néofascisme montant ou d'un intégrisme religieux embusqué. La barbarie qui grandit sous nos yeux, c'est-à-dire toutes ces représentations ostentatoires de la richesse prélevée sur le dos et la liberté des peuples, et qui ne sont autres que les fruits contaminés d'un capital en crise généralisée, fortifie, malgré elle, les raisons qui pousseront les travailleurs au développement probable du combat de classe encore passablement en souffrance aujourd'hui.

Par conséquent, tout ce qui a été écrit dans ce livre ne résulte pas d'une vague intuition ou d'un fonctionnement mal compris du système capitaliste, mais d'une analyse politique, économique et philosophique, qui est tout le contraire d'une forme vague et dont le champ d'expérimentation n'est autre que la réalité elle-même. C'est sur les fondements de cette anticipation expérimentée, consubstantielle de la naissance d'une nouvelle phase historique, révélée par de pointilleuses recherches sur les ruses alternatives du capital et les données disponibles sur l'état du monde, que nous pouvons affirmer sans ambages le dépérissement d'un système obsolète qui nous renvoie à une autre condition essentielle pour en sortir : faire vivre sans attendre tout le possible de l'*écomunisme*. La question aujourd'hui n'est donc pas de savoir quel est le rapport entre l'universalité de ces vérités et la figure d'une humanité empirique, mais d'être en capacité de faire en sorte que ces vérités se surimposent au fond collectif humain, tel qu'il est dans son existence effective, et qui le conduit à chercher, parfois même inconsciemment, à s'émanciper du capital.

TABLE

Pour une société d'émancipation humaine

Économie et Entreprise

aux éditions L'Harmattan

Dernières parutions

COMMENT (RE)FAIRE DE LA FRANCE UN PAYS ENTREPRENANT ?
Daniel Laurent, Lirzin Franck - Préface de Claude Bébéar ; avec la collaboration de Hubert Lévy-Lambert
Comment relancer l'économie française et en exploiter le formidable potentiel ? Le pays a déjà été confronté à des situations semblables à la fin du XIXe siècle ou après 1945, et chaque fois il a su se réinventer. Après Friedman et Keynes, voici venu le temps de Schumpeter et de la «destruction-créatrice». Loin du déclinisme actuel, ce livre montre au travers d'exemples précis que les initiatives se multiplient pour créer un nouveau «modèle français», original et performant.
(19.00 euros, 184 p.)
ISBN : 978-2-343-00992-6, ISBN EBOOK : 978-2-296-53749-1

FILIÈRE (LA) PORCINE EN FRANCE – Le porc français a-t-il un avenir ?
Marzio Antoine
Consommerons-nous encore du porc français dans dix ans ? Et de quelle qualité ? Après une visite détaillée de la filière, ce livre analyse la question environnementale, du bien-être animal, des surconsommations vétérinaires, de l'hyperconcentration des élevages en Bretagne, et propose des solutions axées sur le redéploiement géographique, la diversification des races de porcs et des techniques d'élevage et la montée en gamme.
(23.00 euros, 232 p.)
ISBN : 978-2-343-00634-5, ISBN EBOOK : 978-2-296-53791-0

ÉCONOMIE (L') SOCIALE ET SOLIDAIRE ET LE TRAVAIL
Sous la direction de Patrice Braconnier et Gilles Caire
Dans un contexte où l'accès à l'emploi se fait toujours plus difficile et où les conditions de travail se durcissent, l'économie sociale et solidaire est-elle en mesure de proposer des façons de «travailler autrement» ? Existe-t-il une spécificité de l'emploi et de l'organisation du travail dans le champ de l'ESS ? Entre travail et bénévolat, entre salariat et entrepreneuriat, entre employeurs et employés, les frontières au sein de l'ESS sont floues. Mais peut-elle encore proposer de nouvelles utopies en matière de travail ?
(Coll. L'esprit économique, série L'économie formelle, 26.00 euros, 252 p.)
ISBN : 978-2-343-00563-8, ISBN EBOOK : 978-2-296-53764-4

ART (L') DE LA CRISE – Prévenir, contenir et sortir d'une situation sensible
Fusalba Thierry
L'objectif de cet ouvrage est de proposer aux organisations prises dans le maelström des événements une méthode fiable et performante qui leur permette

d'avoir des points de repères solides afin d'élaborer une stratégie de sortie de crise efficace. L'auteur propose une réflexion sur la stratégie, sur l'organisation et l'entraînement des cellules de crises, sur l'exploitation des enseignements ainsi que sur le management et la communication de crise.
(34.00 euros, 332 p.)
ISBN : 978-2-343-00042-8, ISBN EBOOK : 978-2-296-53717-0

CONTRÔLE (LE) DES CONCENTRATIONS TRANSNATIONALES
Burnier Da Silveira Paulo - Préface de Bruno Lasserre ; avant-propos de Vinicius Carvalho
Les concentrations transnationales augmentent et les systèmes de contrôle des concentrations se multiplient. Alors que les enjeux économiques revêtent désormais une dimension internationale, les mécanismes juridiques de régulation demeurent cantonnés à une échelle nationale ou régionale. Le risque : être confronté à des décisions contradictoires ou incohérentes rendues par différentes autorités de la concurrence... Des mécanismes de régulation s'imposent, ainsi que l'adoption par l'OMC de règles contraignantes.
(39.00 euros, 406 p.)
ISBN : 978-2-336-29198-7, ISBN EBOOK : 978-2-296-53776-7

DES HOMMES ET DES RISQUES
Le rôle des assurances dans la construction des sociétés humaines
Nabeth Marc - Préface de Jean-Hervé Lorenzi - Postface de François-Xavier Albouy
Il est difficile d'imaginer un monde sans assurance ni protection sociale de nos jours. Pourtant, pour plus de 80% de la population des pays en développement, l'absence d'assurance est une réalité tangible. Les témoignages que ces personnes nous livrent sur leur perception des risques et leur créativité pour y faire face démentent de nombreux préjugés religieux, sociaux et culturels. L'enjeu est stratégique : il révèle le rôle essentiel de l'assurance dans la construction des sociétés humaines.
(Coll. Affaires stratégiques, 20.00 euros, 194 p.)
ISBN : 978-2-343-00120-3, ISBN EBOOK : 978-2-296-53744-6

INTELLIGENCE STRATÉGIQUE ET ÉNERGIE : UN TANDEM INDISSOCIABLE AU SERVICE D'UNE NOUVELLE GÉOPOLITIQUE
Du Castel Viviane
Voici un éclairage sur les enjeux énergétiques de demain, à travers la grille de lecture que propose l'intelligence économique et stratégique. Celle-ci permet, grâce à ses capacités d'analyse et d'investigation, de se projeter dans l'avenir, d'anticiper les évolutions et de se positionner en leader sur le marché international de l'énergie.
(Coll. Intelligence stratégique et géostratégie, 28.00 euros, 276 p.)
ISBN : 978-2-336-00726-7, ISBN EBOOK : 978-2-296-53876-4

DES MARCHÉS SANS FOI NI LOI
Bensebaa Faouzi, Boudier Fabienne
Tout est vendable, tout est échangeable, tel est le credo des « drôles de marchés ». Parmi eux, les « marchés sans foi ni loi ». Jetant aux orties le sacré, contournant la règle ou profitant de ses imperfections, ils sont peu visibles du grand public.

Pourtant, les pratiques que l'on y découvre sont inédites et permettent souvent à des acteurs situés à la marge du système de se rencontrer. Ces « marchés sans foi ni loi » peuvent tout aussi bien être facteurs de désordre et de transgression que sources de créativité.
(Coll. Drôles de Marchés, 14.00 euros, 132 p.)
ISBN : 978-2-343-00469-3, ISBN EBOOK : 978-2-296-53537-4

PROJETS ET ENTREPRENEURIAT AU SEIN DES PAYS ÉMERGENTS
Coordonné par Robert Paturel
Voici les dernières investigations réalisées dans des pays émergents. Le rôle de trois institutions de formation dans le développement de l'entrepreneuriat est exposé, puis des particularités de trois autres contrées permettant de voir la façon dont leur entrepreneuriat est stimulé sont relevées. Enfin, ce livre étudie l'entrepreneuriat féminin : objet d'un projet d'envergure au Maroc, il est analysé différemment à Madagascar et en Turquie.
(CEDIMES, Coll. Mouvements Économiques et Sociaux, 31.00 euros, 316 p.)
ISBN : 978-2-343-00345-0, ISBN EBOOK : 978-2-296-53631-9

RAPPORTS (LES) ENTRE AUTORITÉS DE RÉGULATION EN MATIÈRE DE CONCURRENCE
Medjnah Mourad
Parce que le droit suit le mouvement du marché et compte tenu de la réalité économique des secteurs régulés, la quête d'une réelle efficacité des autorités de régulation et d'une meilleure protection de la sécurité juridique des acteurs de marché (entreprises et consommateurs) commande d'adopter une nouvelle conception de régulation, selon laquelle des rapports équilibrés entre les deux types de régulateur doivent progressivement laisser place à un processus d'intégration des régulateurs sectoriels au sein du régulateur commun de la concurrence.
(79.00 euros, 892 p.)
ISBN : 978-2-336-29750-7, ISBN EBOOK : 978-2-296-53649-4

TAUX D'INTÉRÊT ET MARCHÉS FINANCIERS
Daniel Laurent, Ruimy Michel
Les taux d'intérêt ont récemment acquis une place centrale au sein des marchés de capitaux. Cet ouvrage vise à mieux cerner le «prix de l'argent» à travers trois axes : l'évolution de la place des taux d'intérêt dans l'économie, les impacts des fluctuations sur le comportement des ménages, des entreprises et de l'État ; et enfin le marché monétaire et la courbe des taux pour décrypter les dernières évolutions de la politique monétaire. Un ouvrage didactique, illustré par de nombreux exemples.
(Coll. L'esprit économique, série Cours Principaux, 22.00 euros, 226 p.)
ISBN : 978-2-343-00362-7, ISBN EBOOK : 978-2-296-53423-0

QUOTIDIEN (LE) DES BÂTISSEURS OU L'HISTOIRE HUMAINE D'UNE CONSTRUCTION
Revon Jacques - Préface de François Rebsamen
La philosophie dégagée à travers ce témoignage photographique se veut avant tout humaniste : un vrai patrimoine à transmettre et à faire découvrir. Les images (photos

toutes réalisées par l'auteur) témoignent du travail et de l'engagement d'ouvriers, de compagnons, de cadres, tous en action, au rythme des saisons en toutes circonstances. Chaque chapitre aborde une étape de la vie d'un chantier : une phase de construction, un métier, une méthode, un événement de chantier, une cérémonie... (Nombreuses illustrations en couleur.)
(35.00 euros, 264 p.)
ISBN : 978-2-343-00100-5, ISBN EBOOK : 978-2-296-53419-3

INDUSTRIE (L') EN CALE SÈCHE – Matière premières : de la gestion des flux aux rapports de forces
Charles Thierry
À force d'abnégation les gueules noires des siècles passés ont permis le développement industriel de notre pays. «Il faut rappeler aux nations croissantes qu'il n'y a point d'arbre dans la nature qui, placé dans les meilleures conditions (...) puisse grandir et s'élargir indéfiniment» (Paul Valery, 1931) Pour l'avenir de l'industrie, la crise des matières premières et de l'énergie est mère de toutes les batailles. Quant aux choix qui s'offrent à nous, ils doivent désormais être considérés comme des choix de civilisation.
(21.00 euros, 206 p.)
ISBN : 978-2-336-00868-4, ISBN EBOOK : 978-2-296-53416-2

ART (L') DE DIRIGER ?
Lajous Olivier
L'art de diriger conduit à conjuguer de nombreux paramètres humains, techniques et financiers en vue de faire aboutir un projet dont les valeurs partagées assurent la cohésion de l'équipe qui le porte. Il suppose de la part des dirigeants la maîtrise de la savante alchimie entre savoir, savoir être, savoir-faire et faire savoir. L'autorité, le bonheur, l'esprit d'innovation, la gestion du temps et du sens sont autant d'ingrédients de cette alchimie qui fait les grands capitaines d'entreprise.
(Coll. Diplomatie et stratégie, 16.50 euros, 164 p.)
ISBN : 978-2-343-00175-3, ISBN EBOOK : 978-2-296-53352-3

UNE AUTRE IMAGE DE L'ORGANISATION – Mises en perspective analytiques
Castille Emmanuel, Cifali Mireille, Arnaud Gilles, Cerdin Jean-Luc, Dubouloy Maryse
Ouvrage coordonné par Emmanuel Castille - Préface d'Yvon Pesqueux
Interroger l'organisation avec les concepts de la psychanalyse n'est pas chose aisée. Lorsqu'il s'agit de comprendre l'implication de l'inconscient dans les actions, les décisions, les processus, voire dans le déterminisme organisationnel au sens large, il est difficile de trouver une réponse. Comment voir l'organisation à l'échelle du savoir analytique ?
(Coll. Perspectives organisationnelles, 18.00 euros, 188 p.)
ISBN : 978-2-343-00602-4, ISBN EBOOK : 978-2-296-53445-2

L'HARMATTAN ITALIA
Via Degli Artisti 15; 10124 Torino

L'HARMATTAN HONGRIE
Könyvesbolt ; Kossuth L. u. 14-16
1053 Budapest

L'HARMATTAN KINSHASA
185, avenue Nyangwe
Commune de Lingwala
Kinshasa, R.D. Congo
(00243) 998697603 ou (00243) 999229662

L'HARMATTAN CONGO
67, av. E. P. Lumumba
Bât. – Congo Pharmacie (Bib. Nat.)
BP2874 Brazzaville
harmattan.congo@yahoo.fr

L'HARMATTAN GUINÉE
Almamya Rue KA 028, en face du restaurant Le Cèdre
OKB agency BP 3470 Conakry
(00224) 60 20 85 08
harmattanguinee@yahoo.fr

L'HARMATTAN CAMEROUN
BP 11486
Face à la SNI, immeuble Don Bosco
Yaoundé
(00237) 99 76 61 66
harmattancam@yahoo.fr

L'HARMATTAN CÔTE D'IVOIRE
Résidence Karl / cité des arts
Abidjan-Cocody 03 BP 1588 Abidjan 03
(00225) 05 77 87 31
etien_nda@yahoo.fr

L'HARMATTAN MAURITANIE
Espace El Kettab du livre francophone
N° 472 avenue du Palais des Congrès
BP 316 Nouakchott
(00222) 63 25 980

L'HARMATTAN SÉNÉGAL
« Villa Rose », rue de Diourbel X G, Point E
BP 45034 Dakar FANN
(00221) 33 825 98 58 / 77 242 25 08
senharmattan@gmail.com

L'HARMATTAN BÉNIN
ISOR-BENIN
01 BP 359 COTONOU-RP
Quartier Gbèdjromèdé,
Rue Agbélenco, Lot 1247 I
Tél : 00 229 21 32 53 79
christian_dablaka123@yahoo.fr

Achevé d'imprimer par Corlet Numérique - 14110 Condé-sur-Noireau
N° d'Imprimeur : 109797 - Dépôt légal : juillet 2014 - *Imprimé en France*

www.ingramcontent.com/pod-product-compliance
Lightning Source LLC
LaVergne TN
LVHW021227061026
849535LV00008B/2956
* 9 7 8 2 3 4 3 0 3 9 5 0 3 *